卞尺丹几乙し丹卞と

Translated Language Learning

The Little Mermaid

Mała Syrenka

Hans Christian Andersen

English / Polsku

Copyright © 2023 Tranzlaty
All rights reserved.
Published by Tranzlaty
ISBN: 978-1-83566-288-5
Original text by Hans Christian Andersen
Den Lille Havfrue
First published in Danish in 1837
www.tranzlaty.com

The Little Mermaid
Mała Syrenka

Far out in the ocean, where the water is blue
Daleko w oceanie, gdzie woda jest niebieska
here the water is as blue as the prettiest cornflower
Tu woda jest błękitna jak najpiękniejszy chaber
and the water is as clear as the purest crystal
a woda jest czysta jak najczystszy kryształ
this water, far out in the ocean is very, very deep
Ta woda, daleko w oceanie, jest bardzo, bardzo głęboka
water so deep, indeed, that no cable could reach the bottom
woda tak głęboka, że żaden nie mógł dosięgnąć dna
you could pile many church steeples upon each other
można by ułożyć wiele wież kościelnych jedna na drugiej
but they would not reach the surface of the water
ale nie dosięgną powierzchni wody
There dwell the Sea King and his subjects
Mieszka tam Król Mórz i jego poddani
you might think it is just bare yellow sand at the bottom
Można by pomyśleć, że to tylko goły żółty piasek na dnie
but we must not imagine that there is nothing there
Nie wolno nam jednak wyobrażać sobie, że nic tam nie ma
on this sand grow the strangest flowers and plants
Na tym piasku rosną najdziwniejsze kwiaty i rośliny
and you can't imagine how pliant the leaves and stems are
i nie możesz sobie wyobrazić, jak giętkie są liście i łodygi
the slightest agitation of the water causes them to stir
Najmniejsze poruszenie wodą powoduje ich poruszenie
it is as if each leaf had a life of their own
To tak, jakby każdy liść żył własnym życiem
Fishes, both large and small, glide between the branches
Ryby, zarówno duże, jak i małe, ślizgają się między gałęziami
just like when birds fly among the trees here upon land
tak jak wtedy, gdy ptaki latają między drzewami na lądzie

In the deepest spot of all stands a beautiful castle
W najgłębszym miejscu stoi piękny zamek
this beautiful castle is the castle of the Sea King
ten piękny zamek to zamek Króla Mórz
the walls of the castle are built of coral
Mury zamku zbudowane są z koralowca
and the long Gothic windows are of the clearest amber
a długie gotyckie okna są z najczystszego bursztynu
The roof of the castle is formed of sea shells
Dach zamku wykonany jest z muszli morskich
and the shells open and close as the water flows over them
a muszle otwierają się i zamykają, gdy woda po nich przepływa
Their appearance is more beautiful than can be described
Ich wygląd jest piękniejszy, niż można opisać
within each shell there lies a glittering pearl
Wewnątrz każdej muszli znajduje się błyszcząca perła
and each pearl would be fit for the diadem of a queen
a każda perła nadawałaby się na diadem królowej

The Sea King had been a widower for many years
Król Mórz od wielu lat był wdowcem
and his aged mother kept house for him
a jego sędziwa matka zajmowała się dla niego domem
She was a very sensible woman
Była bardzo rozsądną kobietą
but she was exceedingly proud of her high birth
Była jednak niezmiernie dumna ze swego wysokiego urodzenia
and on that account she wore twelve oysters on her tail
i z tego powodu nosiła dwanaście ostryg na ogonie
others of high rank were only allowed to wear six oysters
Inni o wysokiej randze mogli nosić tylko sześć ostryg
She was, however, deserving of very great praise
Zasługiwała jednak na wielką pochwałę
there was something she especially deserved praise for

Było coś, za co szczególnie zasłużyła na pochwałę
she took great care of the the little sea princesses
Bardzo troszczyła się o małe morskie księżniczki
she had six granddaughters that she loved
Miała sześć wnuczek, które kochała
all the sea princesses were beautiful children
Wszystkie morskie księżniczki były pięknymi dziećmi
but the youngest sea princess was the prettiest of them
Ale najmłodsza księżniczka morska była najładniejsza z nich
Her skin was as clear and delicate as a rose leaf
Jej skóra była czysta i delikatna jak liść róży
and her eyes were as blue as the deepest sea
a jej oczy były niebieskie jak najgłębsze morze
but, like all the others, she had no feet
Ale, jak wszyscy inni, nie miała stóp
and at the end of her body was a fish's tail
a na końcu jej ciała był rybi ogon

All day long they played in the great halls of the castle
Całymi dniami bawili się w wielkich salach zamku
out of the walls of the castle grew beautiful flowers
Z murów zamku wyrosły piękne kwiaty
and she loved to play among the living flowers, too
Uwielbiała też bawić się wśród żywych kwiatów
The large amber windows were open, and the fish swam in
Duże bursztynowe okna były otwarte, a ryby pływały w nich
it is just like when we leave the windows open
To tak, jakbyśmy zostawili otwarte okna
and then the pretty swallows fly into our houses
A potem śliczne jaskółki wlatują do naszych domów
only the fishes swam up to the princesses
Tylko ryby podpłynęły do księżniczek
they were the only ones that ate out of their hands
Tylko oni jedli z rąk
and they allowed themselves to be stroked by them
i dali się im głaskać

Outside the castle there was a beautiful garden
Na zewnątrz zamku znajdował się piękny ogród
in the garden grew bright-red and dark-blue flowers
W ogrodzie rosły jaskrawoczerwone i ciemnoniebieskie kwiaty
and there grew blossoms like flames of fire
i wyrosły kwiaty jak płomienie ognia
the fruit on the plants glittered like gold
Owoce na roślinach lśniły jak złoto
and the leaves and stems continually waved to and fro
a liście i łodygi nieustannie falowały tam i z powrotem
The earth on the ground was the finest sand
Ziemia na ziemi była najdrobniejszym piaskiem
but it does not have the colour of the sand we know
ale nie ma koloru piasku, który znamy
it is as blue as the flame of burning sulphur
Jest niebieski jak płomień płonącej siarki
Over everything lay a peculiar blue radiance
Nad wszystkim roztaczał się osobliwy niebieski blask
it is as if the blue sky were everywhere
To tak, jakby błękitne niebo było wszędzie
the blue of the sky was above and below
Błękit nieba był na górze i na dole
In calm weather the sun could be seen
Przy spokojnej pogodzie widać było słońce
from here the sun looked like a reddish-purple flower
Stąd słońce wyglądało jak czerwonawo-fioletowy kwiat
and the light streamed from the calyx of the flower
a światło spływało z kielicha kwiatu

the palace garden was divided into several parts
Ogród pałacowy podzielony był na kilka części
Each of the princesses had their own little plot of ground
Każda z księżniczek miała swój mały kawałek ziemi
on this plot they could plant whatever flowers they pleased
Na tej działce mogli sadzić dowolne kwiaty

one princess arranged her flower bed in the form of a whale
Pewna księżniczka ułożyła swój kwietnik w kształcie wieloryba
one princess arranged her flowers like a little mermaid
Pewna księżniczka układała kwiaty jak mała syrenka
and the youngest child made her garden round, like the sun
a najmłodsze dziecko uczyniło swój ogród okrągłym, jak słońce
and in her garden grew beautiful red flowers
a w jej ogrodzie rosły piękne czerwone kwiaty
these flowers were as red as the rays of the sunset
Kwiaty te były czerwone jak promienie zachodzącego słońca

She was a strange child; quiet and thoughtful
Była dziwnym dzieckiem; cichy i przemyślany
her sisters showed delight at the wonderful things
Jej siostry okazywały zachwyt nad cudownymi rzeczami
the things they obtained from the wrecks of vessels
rzeczy, które uzyskali z wraków statków
but she cared only for her pretty red flowers
ale dbała tylko o swoje śliczne czerwone kwiaty
although there was also a beautiful marble statue
chociaż był też piękny marmurowy posąg
It was the representation of a handsome boy
Było to przedstawienie przystojnego chłopca
it had been carved out of pure white stone
Został wykuty z czystego, białego kamienia
and it had fallen to the bottom of the sea from a wreck
i spadł na dno morza z wraku
this marble statue of a boy she cared about too
ten marmurowy posąg chłopca, na którym jej też zależało

She planted, by the statue, a rose-colored weeping willow
Zasadziła przy posągu różową wierzbę płaczącą
and soon the willow hung its fresh branches over the statue
Wkrótce wierzba zawiesiła swe świeże gałązki nad posągiem

the branches almost reached down to the blue sands
Gałęzie sięgały prawie do błękitnych piasków
The shadows of the tree had the color of violet
Cienie drzewa miały kolor fioletu
and the shadows waved to and fro like the branches
a cienie falowały tam i z powrotem jak gałęzie
all of this created the most interesting illusion
Wszystko to tworzyło najciekawszą iluzję
as if the crown of the tree and the roots were playing
jakby korona drzewa i korzenie grały
it looked as if they were trying to kiss each other
Wyglądało to tak, jakby próbowali się pocałować

her greatest pleasure was hearing about the world above
Największą przyjemność sprawiało jej słuchanie o świecie w górze
the world above the deep sea she lived in
Świat nad głębinami morskimi, w których żyła
She made her old grandmother tell her all about it
Kazała starej babci opowiedzieć jej o wszystkim
the ships and the towns, the people and the animals
Statki i miasta, ludzie i zwierzęta
up there the flowers of the land had fragrance
Tam w górze kwiaty ziemi pachniały
the flowers below the sea had no fragrance
Kwiaty pod powierzchnią morza nie miały zapachu
up there the trees of the forest were green
Tam na górze drzewa w lesie były zielone
and the fishes in the trees could sing beautifully
a ryby na drzewach potrafiły pięknie śpiewać
up there it was a pleasure to listen to the fish
Tam na górze przyjemnie było słuchać ryb
her grandmother called the birds fishes
Jej babcia nazywała ptaki rybami
else the little mermaid would not have understood
Inaczej mała syrenka by tego nie zrozumiała

because the little mermaid had never seen birds
bo mała syrenka nigdy nie widziała ptaków

her grandmother told her about the rites of mermaids
Babcia opowiedziała jej o obrzędach syren
"one day you will reach your fifteenth year"
"Pewnego dnia osiągniesz piętnasty rok życia"
"then you will have permission to go to the surface"
"Wtedy będziesz miał pozwolenie na wyjście na powierzchnię"
"you will be able to sit on the rocks in the moonlight"
"Będziesz mógł usiąść na skałach w świetle księżyca"
"and you will see the great ships go sailing by"
"I ujrzysz wielkie okręty, które przepłynęły obok"
"Then you will see forests and towns and the people"
"Wtedy ujrzysz lasy, miasta i ludzi"

the following year one of the sisters would be fifteen
W następnym roku jedna z sióstr miała skończyć piętnaście lat
but each sister was a year younger than the other
ale każda z sióstr była o rok młodsza od drugiej
the youngest would have to wait five years before her turn
Najmłodsza musiałaby czekać pięć lat na swoją kolej
only then could she rise up from the bottom of the ocean
Dopiero wtedy mogła wynurzyć się z dna oceanu
and only then could she see the earth as we do
I dopiero wtedy mogła widzieć ziemię tak jak my
However, each of the sisters made each other a promise
Jednak każda z sióstr złożyła sobie obietnicę
they were going to tell the others what they had seen
Zamierzali opowiedzieć innym, co widzieli
Their grandmother could not tell them enough
Babcia nie mogła im powiedzieć wystarczająco dużo
there were so many things they wanted to know about
Było tak wiele rzeczy, o których chcieli wiedzieć

the youngest sister longed for her turn the most
Najmłodsza z sióstr najbardziej wyczekiwała swojej kolejki
but, she had to wait longer than all the others
Ale musiała czekać dłużej niż wszyscy inni
and she was so quiet and thoughtful about the world
A ona była taka cicha i zamyślona o świecie
there were many nights where she stood by the open window
Było wiele nocy, kiedy stała przy otwartym oknie
and she looked up through the dark blue water
i spojrzała w górę przez ciemnoniebieską wodę
and she watched the fish as they splashed with their fins
i obserwowała ryby, które pluskały płetwami
She could see the moon and stars shining faintly
Widziała słabo świecący księżyc i gwiazdy
but from deep below the water these things look different
Ale z głębi wody te rzeczy wyglądają inaczej
the moon and stars looked larger than they do to our eyes
Księżyc i gwiazdy wydawały się większe niż w naszych oczach
sometimes, something like a black cloud went past
Czasami przechodziło coś w rodzaju czarnej chmury
she knew that it could be a whale swimming over her head
Wiedziała, że to może być wieloryb pływający nad jej głową
or it could be a ship, full of human beings
Albo może to być statek pełen ludzi
human beings who couldn't imagine what was under them
Istoty ludzkie, które nie potrafiły sobie wyobrazić, co się pod nimi kryje
a pretty little mermaid holding out her white hands
śliczna mała syrenka wyciągająca białe rączki
a pretty little mermaid reaching towards their ship
śliczna mała syrenka sięgająca w kierunku ich statku

the day came when the eldest had her fifteenth birthday
Nadszedł dzień, w którym najstarsza z nich obchodziła

piętnaste urodziny
now she was allowed to rise to the surface of the ocean
Teraz pozwolono jej wynurzyć się na powierzchnię oceanu
and that night she swum up to the surface
i tej nocy wypłynęła na powierzchnię
you can imagine all the things she saw up there
Możecie sobie wyobrazić wszystkie rzeczy, które widziała tam na górze
and you can imagine all the things she had to talk about
I możecie sobie wyobrazić wszystkie rzeczy, o których musiała mówić
But the finest thing, she said, was to lie on a sand bank
Ale najpiękniejszą rzeczą, jak mówiła, było leżenie na piaszczystej ławicy
in the quiet moonlit sea, near the shore
W cichym morzu oświetlonym księżycem, blisko brzegu
from there she had gazed at the lights on the land
Stamtąd wpatrywała się w światła na lądzie
they were the lights of the near-by town
Były światłami pobliskiego miasta
the lights had twinkled like hundreds of stars
Światła migotały jak setki gwiazd
she had listened to the sounds of music from the town
Wsłuchiwała się w dźwięki muzyki dobiegającej z miasta
she had heard noise of carriages drawn by their horses
Słyszała turkot powozów zaprzężonych w konie
and she had heard the voices of human beings
i słyszała głosy istot ludzkich
and the had heard merry pealing of the bells
i słyszeli wesołe bicie dzwonów
the bells ringing in the church steeples
Dzwony bijące w wieżach kościoła
but she could not go near all these wonderful things
Nie mogła jednak zbliżyć się do tych wszystkich cudownych rzeczy
so she longed for these wonderful things all the more

Tym bardziej tęskniła za tymi cudownymi rzeczami

you can imagine how eagerly the youngest sister listened
Możecie sobie wyobrazić, z jakim zapałem słuchała najmłodsza siostra
the descriptions of the upper world were like a dream
Opisy wyższego świata były jak sen
afterwards she stood at the open window of her room
Potem stanęła przy otwartym oknie swojego pokoju
and she looked to the surface, through the dark-blue water
i spojrzała na powierzchnię, przez ciemnoniebieską wodę
she thought of the great city her sister had told her of
Pomyślała o wielkim mieście, o którym opowiadała jej siostra
the great city with all its bustle and noise
Wielkie miasto z całym jego zgiełkiem i hałasem
she even fancied she could hear the sound of the bells
Zdawało jej się nawet, że słyszy dźwięk dzwonów
she imagined their sound carried to the depths of the sea
Wyobrażała sobie, jak ich dźwięk unosi się w głębinach morza

after another year the second sister had her birthday
Po roku druga siostra obchodziła urodziny
she too received permission to rise to the surface
Ona również otrzymała pozwolenie na wypłynięcie na powierzchnię
and from there she could swim about where she pleased
A stamtąd mogła pływać, gdzie jej się podobało
She had gone to the surface just as the sun was setting
Wypłynęła na powierzchnię, gdy słońce zachodziło
this, she said, was the most beautiful sight of all
Powiedziała, że był to najpiękniejszy widok ze wszystkich
The whole sky looked like a disk of pure gold
Całe niebo wyglądało jak dysk ze szczerego złota
and there were violet and rose-colored clouds
i były fioletowe i różowe chmury
they were too beautiful to describe, she said

Były zbyt piękne, by je opisać, powiedziała
and she said how the clouds drifted across the sky
A ona powiedziała, jak chmury dryfują po niebie
and something had flown by more swiftly than the clouds
i coś przeleciało szybciej niż chmury
a large flock of wild swans flew toward the setting sun
Duże stado dzikich łabędzi poleciało w stronę zachodzącego słońca
the swans had been like a long white veil across the sea
Łabędzie były jak długa, biała zasłona na morzu
She had also tried to swim towards the sun
Próbowała też płynąć w kierunku słońca
but some distance away the sun sank into the waves
Ale w pewnej odległości słońce zanurzyło się w falach
she saw how the rosy tints faded from the clouds
Widziała, jak różowe odcienie znikają z chmur
and she saw how the colour had also faded from the sea
i zobaczyła, jak kolor wyblakł również z morza

the next year it was the third sister's turn
W następnym roku przyszła kolej na trzecią siostrę
this sister was the boldest of all the sisters
Ta siostra była najśmielsza ze wszystkich sióstr
she swam up a broad river that emptied into the sea
Płynęła szeroką rzeką, która wpadała do morza
On the banks of the river she saw green hills
Nad brzegiem rzeki zobaczyła zielone wzgórza
the green hills were covered with beautiful vines
Zielone wzgórza porośnięte były pięknymi pnączami
and on the hills there were forests of trees
a na wzgórzach były lasy drzew
and out of the forests palaces and castles poked out
a z lasów wychylały się pałace i zamki
She had heard birds singing in the trees
Słyszała śpiew ptaków na drzewach
and she had felt the rays of the sun on her skin

i czuła promienie słońca na swojej skórze
the rays were so strong that she had to dive back
Promienie były tak silne, że musiała zanurkować z powrotem
and she cooled her burning face in the cool water
i ochłodziła swoją płonącą twarz w chłodnej wodzie
In a narrow creek she found a group of little children
W wąskim strumieniu znalazła gromadkę małych dzieci
they were the first human children she had ever seen
Były to pierwsze ludzkie dzieci, jakie kiedykolwiek widziała
She wanted to play with the children too
Chciała też bawić się z dziećmi
but the children fled from her in a great fright
Ale dzieci uciekły od niej w wielkim strachu
and then a little black animal came to the water
A potem do wody podeszło małe czarne zwierzątko
it was a dog, but she did not know it was a dog
To był pies, ale nie wiedziała, że to pies
because she had never seen a dog before
bo nigdy wcześniej nie widziała psa
and the dog barked at the mermaid furiously
a pies wściekle szczekał na syrenę
she became frightened and rushed back to the open sea
Przestraszyła się i pobiegła z powrotem na otwarte morze
But she said she should never forget the beautiful forest
Powiedziała jednak, że nigdy nie powinna zapomnieć o pięknym lesie
the green hills and the pretty children
Zielone wzgórza i śliczne dzieci
she found it exceptionally funny how they swam
Uważała, że to wyjątkowo zabawne, jak pływają
because the little human children didn't have tails
Bo małe ludzkie dzieci nie miały ogonów
so with their little legs they kicked the water
Kopały więc swymi małymi nóżkami wodę

The fourth sister was more timid than the last
Czwarta siostra była bardziej bojaźliwa niż poprzednia
She had decided to stay in the midst of the sea
Postanowiła pozostać na środku morza
but she said it was as beautiful there as nearer the land
Powiedziała jednak, że tam jest równie pięknie, jak bliżej lądu
from the surface she could see many miles around her
Z powierzchni widziała wiele mil wokół siebie
the sky above her looked like a bell of glass
Niebo nad nią wyglądało jak szklany dzwon
and she had seen the ships sail by
i widziała przepływające statki
but they were at a very great distance from her
Znajdowali się jednak w bardzo dużej odległości od niej
and, with their sails, they looked like sea gulls
A z żaglami wyglądały jak mewy
she saw how the dolphins played in the waves
Widziała, jak delfiny bawią się na falach
and great whales spouted water from their nostrils
a wielkie wieloryby tryskały wodą z nozdrzy
like a hundred fountains all playing together
jak sto fontann grających razem

The fifth sister's birthday occurred in the winter
Urodziny piątej siostry przypadały zimą
so she saw things that the others had not seen
Widziała więc rzeczy, których inni nie widzieli
at this time of the year the sea looked green
O tej porze roku morze wyglądało na zielone
large icebergs were floating on the green water
Wielkie góry lodowe unosiły się na zielonej wodzie
and each iceberg looked like a pearl, she said
A każda góra lodowa wyglądała jak perła, powiedziała
but they were larger and loftier than the churches
Były one jednak większe i wznioślejsze niż kościoły
and they were of the most interesting shapes
i były to najciekawsze kształty

and each iceberg glittered like diamonds
a każda góra lodowa lśniła jak diamenty
She had seated herself on one of the icebergs
Usiadła na jednej z gór lodowych
and she let the wind play with her long hair
i pozwoliła wiatrowi bawić się jej długimi włosami
She noticed something interesting about the ships
Zauważyła coś interesującego w statkach
all the ships sailed past the icebergs very rapidly
Wszystkie statki bardzo szybko przepłynęły obok gór lodowych
and they steered away as far as they could
i odjechali tak daleko, jak tylko mogli
it was as if they were afraid of the iceberg
Wyglądało to tak, jakby bali się góry lodowej
she stayed out at sea into the evening
Na morzu pozostała do wieczora
the sun went down and dark clouds covered the sky
Słońce zaszło i ciemne chmury zakryły niebo
the thunder rolled across the ocean of icebergs
Grzmot przetoczył się przez ocean gór lodowych
and the flashes of lightning glowed red on the icebergs
a błyskawice świeciły na czerwono na górach lodowych
and they were tossed about by the heaving sea
i miotało nimi wzburzone morze
all the ships the sails were trembling with fear
wszystkie okręty, żagle drżały ze strachu
and the mermaid sat calmly on the floating iceberg
a syrena siedziała spokojnie na pływającej górze lodowej
she watched the lightning strike into the sea
Patrzyła, jak piorun uderza w morze

All of her five older sisters had grown up now
Wszystkie jej pięć starszych sióstr było już dorosłych
therefore they could go to the surface when they pleased
dlatego mogli wyjść na powierzchnię, kiedy tylko zechcieli

at first they were delighted with the surface world
Na początku byli zachwyceni światem na powierzchni
they couldn't get enough of the new and beautiful sights
Nie mogli się nacieszyć nowymi i pięknymi widokami
but eventually they all grew indifferent towards it
Ale w końcu wszyscy stali się wobec tego obojętni
and after a month they didn't visit much at all anymore
A po miesiącu nie odwiedzali już zbyt wiele
they told their sister it was much more beautiful at home
Powiedzieli siostrze, że w domu jest o wiele piękniej

Yet often, in the evening hours, they did go up
Często jednak w godzinach wieczornych szli w górę
the five sisters twined their arms about each other
Pięć sióstr objęło się ramionami
and together, arm in arm, they rose to the surface
I razem, ramię w ramię, wypłynęli na powierzchnię
often they went up when there was a storm approaching
Często szli w górę, gdy zbliżała się burza
they feared that the storm might win a ship
Obawiali się, że sztorm może zdobyć statek
so they swam to the vessel and sung to the sailors
Podpłynęli więc do statku i śpiewali marynarzom
Their voices were more charming than that of any human
Ich głosy były bardziej czarujące niż głosy jakiegokolwiek człowieka
and they begged the voyagers not to fear if they sank
i błagali podróżników, aby się nie obawiali, jeśli zatoną
because the depths of the sea was full of delights
bo głębiny morza pełne były rozkoszy
But the sailors could not understand their songs
Ale marynarze nie rozumieli ich pieśni
and they thought their singing was the sighing of the storm
i myśleli, że ich śpiew jest westchnieniem burzy
therefore their songs were never beautiful to the sailors
Dlatego ich pieśni nigdy nie były piękne dla żeglarzy

because if the ship sank the men would drown
Bo gdyby statek zatonął, ludzie by utonęli
the dead gained nothing from the palace of the Sea King
umarli nic nie zyskali w pałacu Króla Mórz
but their youngest sister was left at the bottom of the sea
ale ich najmłodsza siostra została na dnie morza
looking up at them, she was ready to cry
Patrząc na nich, była gotowa się rozpłakać
you should know mermaids have no tears that they can cry
Powinieneś wiedzieć, że syreny nie mają łez, które mogą wypłakać
so her pain and suffering was more acute than ours
Tak więc jej ból i cierpienie były bardziej dotkliwe niż nasze
"Oh, I wish I was also fifteen years old!" said she
"Och, chciałabym mieć też piętnaście lat!" powiedziała
"I know that I shall love the world up there"
"Wiem, że będę kochał świat tam na górze"
"and I shall love all the people who live in that world"
"I będę miłował wszystkich ludzi, którzy żyją na tym świecie"

but, at last, she too reached her fifteenth year
Ale i ona w końcu skończyła piętnaście lat
"Well, now you are grown up," said her grandmother
– Cóż, teraz jesteś dorosła – powiedziała babcia
"Come, and let me adorn you like your sisters"
"Chodź i pozwól mi przyozdobić cię jak twoje siostry"
And she placed a wreath of white lilies in her hair
I włożyła wieniec z białych lilii we włosy
every petal of the lilies was half a pearl
Każdy płatek lilii był połową perły
Then, the old lady ordered eight great oysters to come
Potem starsza pani kazała przywieźć osiem wielkich ostryg
the oysters attached themselves to the tail of the princess
Ostrygi przyczepiły się do ogona księżniczki
under the sea oysters are used to show your rank
Pod morzem ostrygi służą do pokazania swojej rangi

"But they hurt me so," said the little mermaid
– Ale tak mnie zranili – powiedziała mała syrenka
"Yes, I know oysters hurt," replied the old lady
– Tak, wiem, że ostrygi bolą – odparła starsza pani
"but you know very well that pride must suffer pain"
"Ale wiesz dobrze, że pycha musi cierpieć"
how gladly she would have shaken off all this grandeur
Jakże chętnie otrząsnęłaby się z całej tej wspaniałości
she would have loved to lay aside the heavy wreath!
Z chęcią odłożyłaby na bok ciężki wieniec!
she thought of the red flowers in her own garden
Pomyślała o czerwonych kwiatach w swoim ogrodzie
the red flowers would have suited her much better
Czerwone kwiaty pasowałyby do niej o wiele bardziej
But she could not change herself into something else
Nie potrafiła jednak zmienić się w kogoś innego
so she said farewell to her grandmother and sisters
Pożegnała się więc z babcią i siostrami
and, as lightly as a bubble, she rose to the surface
I, lekka jak bańka mydlana, wynurzyła się na powierzchnię

The sun had just set when she raised her head above the waves
Słońce właśnie zaszło, gdy podniosła głowę ponad fale
The clouds were tinted with crimson and gold from the sunset
Chmury były zabarwione szkarłatem i złotem od zachodzącego słońca
and through the glimmering twilight beamed the evening star
a w migotliwym półmroku przebijała się gwiazda wieczorna
The sea was calm, and the sea air was mild and fresh
Morze było spokojne, a morskie powietrze łagodne i świeże
A large ship with three masts lay becalmed on the water
Duży statek z trzema masztami leżał spokojnie na wodzie
only one sail was set, for not a breeze stirred

Postawiono tylko jeden żagiel, bo nie poruszył się ani jeden wiatr
and the sailors sat idle on deck, or amidst the rigging
Marynarze siedzieli bezczynnie na pokładzie lub wśród takielunku
There was music and song on board of the ship
Na pokładzie statku rozbrzmiewała muzyka i śpiew
as darkness came a hundred colored lanterns were lighted
Gdy zapadła ciemność, zapalono sto kolorowych lampionów
it was as if the flags of all nations waved in the air
Wyglądało to tak, jakby w powietrzu powiewały flagi wszystkich narodów

The little mermaid swam close to the cabin windows
Mała syrenka podpłynęła blisko okien kabiny
now and then the waves of the sea lifted her up
Od czasu do czasu fale morskie unosiły ją w górę
she could look in through the glass window-panes
Mogła zaglądać do środka przez szklane szyby
and she could see a number of curiously dressed people
Widziała też wielu ciekawie ubranych ludzi
Among the people she could see there was a young prince
Wśród ludzi, których widziała, był młody książę
the prince was the most beautiful of them all
Książę był najpiękniejszy z nich wszystkich
she had never seen anyone with such beautiful eyes
Nigdy nie widziała nikogo o tak pięknych oczach
it was the celebration of his sixteenth birthday
Było to świętowanie jego szesnastych urodzin
The sailors were dancing on the deck of the ship
Marynarze tańczyli na pokładzie statku
all cheered when the prince came out of the cabin
Wszyscy wiwatowali, gdy książę wyszedł z kajuty
and more than a hundred rockets rose into the air
i ponad sto rakiet wzbiło się w powietrze
for some time the fireworks made the sky as bright as day

Przez jakiś czas fajerwerki sprawiały, że niebo było jasne jak w dzień
of course our young mermaid had never seen fireworks before
Oczywiście nasza młoda syrenka nigdy wcześniej nie widziała fajerwerków
startled by all the noise, she dived back under water
Zaskoczona całym tym hałasem, zanurkowała z powrotem pod wodę
but soon she again stretched out her head
Wkrótce jednak znów wyciągnęła głowę
it was as if all the stars of heaven were falling around her
Wyglądało to tak, jakby wszystkie gwiazdy na niebie spadały wokół niej
splendid fireflies flew up into the blue air
Wspaniałe świetliki wzbiły się w błękitne powietrze
and everything was reflected in the clear, calm sea
i wszystko odbijało się w czystym, spokojnym morzu
The ship itself was brightly illuminated by all the light
Sam statek był jasno oświetlony całym światłem
she could see all the people and even the smallest rope
Widziała wszystkich ludzi i nawet najmniejszą linę
How handsome the young prince looked thanking his guests!
Jakże przystojnie wyglądał młody książę, dziękując swoim gościom!
and the music resounded through the clear night air!
a muzyka rozbrzmiewała w czystym nocnym powietrzu!

the birthday celebrations lasted late into the night
Świętowanie urodzin trwało do późnych godzin nocnych
but the little mermaid could not take her eyes from the ship
Ale mała syrenka nie mogła oderwać wzroku od statku
nor could she take her eyes from the beautiful prince
Nie mogła też oderwać wzroku od pięknego księcia
The colored lanterns had now been extinguished

Kolorowe latarnie zostały zgaszone
and there were no more rockets that rose into the air
i nie było już rakiet, które wznosiły się w powietrze
the cannon of the ship had also ceased firing
Armata okrętu również przestała strzelać
but now it was the sea that became restless
Ale teraz to morze stało się niespokojne
a moaning, grumbling sound could be heard beneath the waves
Pod falami słychać było jęki i pomruki
and yet, the little mermaid remained by the cabin window
A jednak mała syrenka pozostała przy oknie kabiny
she was rocking up and down on the water
Kołysała się w górę i w dół na wodzie
so that she could keep looking into the ship
aby mogła dalej zaglądać do wnętrza statku
After a while the sails were quickly set
Po chwili szybko postawiono żagle
and the ship went on her way back to port
i statek ruszył w drogę powrotną do portu

But soon the waves rose higher and higher
Wkrótce jednak fale wznosiły się coraz wyżej i wyżej
dark, heavy clouds darkened the night sky
Ciemne, ciężkie chmury zaciemniały nocne niebo
and there appeared flashes of lightning in the distance
a w oddali pojawiły się błyskawice
not far away a dreadful storm was approaching
Niedaleko zbliżała się straszliwa burza
Once more the sails were lowered against the wind
Jeszcze raz opuszczono żagle pod wiatr
and the great ship pursued her course over the raging sea
Wielki okręt płynął dalej po wzburzonym morzu
The waves rose as high as the mountains
Fale wznosiły się aż do gór
one would have thought the waves would have had the ship

Można by pomyśleć, że fale porwą statek
but the ship dived like a swan between the waves
Ale statek zanurkował jak łabędź między falami
then she rose again on their lofty, foaming crests
Potem znów wzniosła się na ich wyniosłych, spienionych grzbietach
To the little mermaid this was pleasant sport
Dla małej syrenki był to przyjemny sport
but it was not pleasant sport to the sailors
Nie był to jednak przyjemny sport dla żeglarzy
the ship made awful groaning and creaking sounds
Statek wydawał z siebie przeraźliwe jęki i skrzypienie
and the waves broke over the deck again and again
a fale raz po raz rozbijały się o pokład
the thick planks gave way under the lashing of the sea
Grube deski ugięły się pod smaganiem morza
under the pressure the mainmast snapped asunder, like a reed
Pod naporem grotmaszt pękł jak trzcina
and, as the ship lay over on her side, the water rushed in
A gdy statek przewrócił się na bok, woda wdarła się do środka

The little mermaid realized that the crew were in danger
Mała syrenka zdała sobie sprawę, że załoga jest w niebezpieczeństwie
her own situation wasn't without danger either
Jej własna sytuacja również nie była pozbawiona niebezpieczeństw
she had to avoid the beams and planks scattered in the water
Musiała omijać belki i deski porozrzucane w wodzie
for a moment everything turned into complete darkness
Na chwilę wszystko zamieniło się w kompletną ciemność
and the little mermaid could not see where she was
A mała syrenka nie widziała, gdzie się znajduje
but then a flash of lightning revealed the whole scene

Ale wtedy błysk błyskawicy odsłonił całą scenę
she could see everyone was still on board of the ship
Widziała, że wszyscy wciąż są na pokładzie statku
well, everyone was on board of the ship, except the prince
Cóż, na pokładzie statku byli wszyscy, z wyjątkiem księcia
the ship continued on its path to the land
Statek kontynuował swoją drogę do lądu
and she saw the prince sink into the deep waves
i widziała, jak książę tonie w głębokich falach
for a moment this made her happier than it should have
Przez chwilę była szczęśliwsza, niż powinna
now that he was in the sea she could be with him
Teraz, gdy był w morzu, mogła być z nim
Then she remembered the limits of human beings
Wtedy przypomniała sobie o ograniczeniach istot ludzkich
the people of the land cannot live in the water
Mieszkańcy tej ziemi nie mogą żyć w wodzie
if he got to the palace he would already be dead
Gdyby dotarł do pałacu, już by nie żył
"No, he must not die!" she decided
"Nie, on nie może umrzeć!" – zdecydowała
she forget any concern for her own safety
Zapomina o trosce o własne bezpieczeństwo
and she swam through the beams and planks
i płynęła przez belki i deski
two beams could easily crush her to pieces
Dwie belki mogły z łatwością zmiażdżyć ją na kawałki
she dove deep under the dark waters
Zanurkowała głęboko pod ciemną wodą
everything rose and fell with the waves
Wszystko wznosiło się i opadało wraz z falami
finally, she managed to reach the young prince
W końcu udało jej się dotrzeć do młodego księcia
he was fast losing the power to swim in the stormy sea
Szybko tracił zdolność do pływania we wzburzonym morzu
His limbs were starting to fail him

Kończyny zaczynały mu odmawiać posłuszeństwa
and his beautiful eyes were closed
a jego piękne oczy były zamknięte
he would have died had the little mermaid not come
Umarłby, gdyby nie przyszła mała syrenka
She held his head above the water
Trzymała jego głowę nad wodą
and let the waves carry them where they wanted
i niech fale poniosą ich tam, gdzie chcą

In the morning the storm had ceased
Nad ranem burza ustała
but of the ship not a single fragment could be seen
ale ze statku nie było widać ani jednego fragmentu
The sun came up, red and shining, out of the water
Słońce wyszło z wody, czerwone i lśniące
the sun's beams had a healing effect on the prince
Promienie słońca miały uzdrawiający wpływ na księcia
the hue of health returned to the prince's cheeks
Na policzki księcia powrócił odcień zdrowia
but despite the sun, his eyes remained closed
Ale mimo słońca jego oczy pozostały zamknięte
The mermaid kissed his high, smooth forehead
Syrena pocałowała jego wysokie, gładkie czoło
and she stroked back his wet hair
i odgarnęła jego mokre włosy
He seemed to her like the marble statue in her garden
Wydawał się jej jak marmurowy posąg w ogrodzie
so she kissed him again, and wished that he lived
Pocałowała go więc jeszcze raz i zapragnęła, żeby żył

Presently, they came in sight of land
Niebawem ujrzeli ląd
and she saw lofty blue mountains on the horizon
i zobaczyła na horyzoncie wyniosłe, błękitne góry
on top of the mountains the white snow rested

Na szczytach gór spoczywał biały śnieg
as if a flock of swans were lying upon them
jakby leżało na nich stado łabędzi
Beautiful green forests were near the shore
Piękne zielone lasy znajdowały się blisko brzegu
and close by there stood a large building
a nieopodal stał duży budynek
it could have been a church or a convent
Mógł to być kościół lub klasztor
but she was still too far away to be sure
Ale wciąż była zbyt daleko, by mieć pewność
Orange and citron trees grew in the garden
W ogrodzie rosły drzewa pomarańczowe i cytrynowe
and before the door stood lofty palms
a przed drzwiami stały wyniosłe palmy
The sea here formed a little bay
Morze tworzyło tu małą zatoczkę
in the bay the water lay quiet and still
W zatoce woda leżała cicho i spokojnie
but although the water was still, it was very deep
Ale chociaż woda była spokojna, była bardzo głęboka
She swam with the handsome prince to the beach
Popłynęła z przystojnym księciem na plażę
the beach was covered with fine white sand
Plaża była pokryta drobnym białym piaskiem
and there she laid him in the warm sunshine
i tam położyła go w ciepłym słońcu
she took care to raise his head higher than his body
Zadbała o to, by podnieść jego głowę wyżej niż tułów
Then bells sounded in the large white building
Wtem w dużym białym budynku zabrzmiały dzwony
some young girls came into the garden
Do ogrodu weszło kilka młodych dziewcząt
The little mermaid swam out farther from the shore
Mała syrenka odpłynęła dalej od brzegu
she hid herself among some high rocks in the water

Ukryła się wśród wysokich skał w wodzie
she Covered her head and neck with the foam of the sea
okryła głowę i szyję pianą morską
and she watched to see what would become of the poor prince
Patrzyła, co się stanie z biednym księciem

It was not long before she saw a young girl approach
Nie minęło wiele czasu, gdy zobaczyła zbliżającą się młodą dziewczynę
the young girl seemed frightened, at first
Młoda dziewczyna z początku wydawała się przestraszona
but her fear only lasted for a moment
Ale jej strach trwał tylko chwilę
then she brought over a number of people
Potem przyprowadziła kilka osób
and the mermaid saw that the prince came to life again
Syrenka zobaczyła, że książę ożył
he smiled upon those who stood around him
Uśmiechnął się do tych, którzy stali wokół niego
But to the little mermaid the prince sent no smile
Ale do małej syrenki książę nie posłał uśmiechu
he knew not that she had saved him
Nie wiedział, że go uratowała
This made the little mermaid very sorrowful
To sprawiło, że mała syrenka była bardzo zasmucona
and then he was led away into the great building
a potem zaprowadzono go do wielkiej budowli
and the little mermaid dived down into the water
A mała syrenka zanurkowała do wody
and she returned to her father's castle
i wróciła do zamku swego ojca

She had always been the most silent and thoughtful
Zawsze była najbardziej milcząca i zamyślona
and now she was more silent and thoughtful than ever

A teraz była bardziej milcząca i zamyślona niż kiedykolwiek
Her sisters asked her what she had seen on her first visit
Siostry zapytały ją, co zobaczyła podczas pierwszej wizyty
but she could tell them nothing of what she had seen
Nie mogła im jednak nic powiedzieć o tym, co widziała
Many an evening and morning she returned to the surface
Niejednokrotnie wieczorem i rano wracała na powierzchnię
and she went to the place where she had left the prince
I poszła na miejsce, gdzie zostawiła księcia
She saw the fruits in the garden ripen
Widziała, jak dojrzewają owoce w ogrodzie
and she watched the fruits gathered from their trees
i patrzyła na owoce zebrane z ich drzew
she watched the snow on the mountain tops melt away
Patrzyła, jak topnieje śnieg na szczytach gór
but on none of her visits did she see the prince again
ale podczas żadnej ze swoich wizyt nie widziała już księcia
and therefore she always returned more sorrowful than before
i dlatego zawsze wracała bardziej zasmucona niż przedtem

her only comfort was sitting in her own little garden
Jej jedyną pociechą było siedzenie we własnym ogródku
she flung her arms around the beautiful marble statue
Objęła ramionami piękny marmurowy posąg
the statue which looked just like the prince
posąg, który wyglądał jak książę
She had given up tending to her flowers
Zrezygnowała z pielęgnowania kwiatów
and her garden grew in wild confusion
a jej ogród rósł w dzikim zamęcie
they twinied their long leaves and stems round the trees
Swymi długimi liśćmi i łodygami oplatały drzewa
so that the whole garden became dark and gloomy
tak, że cały ogród stał się ciemny i ponury

eventually she could bear it no longer
W końcu nie mogła już tego znieść
and she told one of her sisters all about it
I opowiedziała o tym jednej ze swoich sióstr
soon the other sisters heard the secret
Wkrótce inne siostry usłyszały tajemnicę
and very soon her secret became known to several maids
Wkrótce jej sekret poznało kilka pokojówek
one of the maids had a friend who knew about the prince
Jedna z pokojówek miała przyjaciółkę, która wiedziała o księciu
She had also seen the festival on board the ship
Widziała też festiwal na pokładzie statku
and she told them where the prince came from
I powiedziała im, skąd pochodzi książę
and she told them where his palace stood
I powiedziała im, gdzie stoi jego pałac

"Come, little sister," said the other princesses
– Chodź, siostrzyczko – powiedziały inne księżniczki
they entwined their arms and rose up together
Splotli ramiona i powstali razem
they went near to where the prince's palace stood
Zbliżyli się do miejsca, gdzie stał pałac książęcy
the palace was built of bright-yellow, shining stone
Pałac został zbudowany z jasnożółtego, lśniącego kamienia
and the palace had long flights of marble steps
a pałac miał długie schody z marmuru
one of the flights of steps reached down to the sea
jeden z biegów schodów sięgających w dół do morza
Splendid gilded cupolas rose over the roof
Nad dachem wznosiły się wspaniałe złocone kopuły
the whole building was surrounded by pillars
Całość otoczona była filarami
and between the pillars stood lifelike statues of marble
a między filarami stały realistyczne posągi z marmuru
they could see through the clear crystal of the windows

Mogli widzieć przez przezroczysty kryształ okien
and they could look into the noble rooms
i mogli zajrzeć do szlacheckich komnat
costly silk curtains and tapestries hung from the ceiling
z sufitu zwisały kosztowne jedwabne zasłony i gobeliny
and the walls were covered with beautiful paintings
a ściany pokryte były pięknymi malowidłami
In the centre of the largest salon was a fountain
W centrum największego salonu znajdowała się fontanna
the fountain threw its sparkling jets high up
Fontanna wyrzuciła wysoko swe iskrzące się strumienie
the water splashed onto the glass cupola of the ceiling
Woda rozpryskiwała się na szklaną kopułę sufitu
and the sun shone in through the water
i słońce świeciło przez wodę
and the water splashed on the plants around the fountain
a woda rozpryskiwała się na rośliny wokół fontanny

Now the little mermaid knew where the prince lived
Teraz mała syrenka wiedziała, gdzie mieszka książę
so she spent many a night on those waters
Spędziła więc wiele nocy na tych wodach
she got more courageous than her sisters had been
Stała się odważniejsza niż jej siostry
and she swam much nearer the shore than they had
i podpłynęła znacznie bliżej brzegu niż oni
once she went up the narrow channel, under the marble balcony
Pewnego razu weszła wąskim kanałem, pod marmurowy balkon
the balcony threw a broad shadow on the water
Balkon rzucał szeroki cień na wodę
Here she sat and watched the young prince
Tu siedziała i obserwowała młodego księcia
he, of course, thought he was alone in the bright moonlight
On oczywiście myślał, że jest sam w jasnym świetle księżyca

She often saw him evenings, sailing in a beautiful boat
Często widywała go wieczorami, gdy płynął piękną łodzią
music sounded from the boat and the flags waved
Z łodzi rozbrzmiewała muzyka, a flagi powiewały
She peeped out from among the green rushes
Wyjrzała spomiędzy zielonych szuwarów
at times the wind caught her long silvery-white veil
Chwilami wiatr chwytał jej długi, srebrzystobiały welon
those who saw it believed it to be a swan
Ci, którzy go widzieli, wierzyli, że to łabędź
it had all the appearance of a swan spreading its wings
Wyglądał jak łabędź rozpościerający skrzydła

Many a night, too, she watched the fishermen set their nets
Niejedną noc obserwowała, jak rybacy zarzucają sieci
they cast their nets in the light of their torches
zarzucają sieci w świetle pochodni
and she heard them tell many good things about the prince
i słyszała, jak opowiadali wiele dobrego o księciu
this made her glad that she had saved his life
To sprawiło, że ucieszyła się, że uratowała mu życie
when he was tossed around half dead on the waves
kiedy rzucano go na wpół żywego na falach
She remembered how his head had rested on her bosom
Przypomniała sobie, jak jego głowa spoczywała na jej piersi
and she remembered how heartily she had kissed him
i przypomniała sobie, jak serdecznie go pocałowała
but he knew nothing of all that had happened
Nie wiedział jednak nic o tym wszystkim, co się wydarzyło
the young prince could not even dream of the little mermaid
Młody książę nie mógł nawet marzyć o Małej Syrence

She grew to like human beings more and more
Coraz bardziej lubiła ludzi
she wished more and more to be able to wander their world

Coraz bardziej pragnęła móc wędrować po ich świecie
their world seemed to be so much larger than her own
Ich świat wydawał się o wiele większy niż jej własny
They could fly over the sea in ships
Mogli latać nad morzem na statkach
and they could mount the high hills far above the clouds
i mogli wspiąć się na wysokie wzgórza wysoko ponad chmurami
in their lands they possessed woods and fields
Na swoich ziemiach posiadali lasy i pola
the greenery stretched beyond the reach of her sight
Zieleń rozciągała się poza zasięgiem jej wzroku
There was so much that she wished to know!
Było tak wiele rzeczy, które chciała wiedzieć!
but her sisters were unable to answer all her questions
Ale jej siostry nie były w stanie odpowiedzieć na wszystkie jej pytania
She then went to her old grandmother for answers
Potem poszła do swojej starej babci po odpowiedzi
her grandmother knew all about the upper world
Jej babcia wiedziała wszystko o wyższym świecie
she rightly called this world "the lands above the sea"
Słusznie nazwała ten świat "krainami nad morzem"

"If human beings are not drowned, can they live forever?"
"Jeśli ludzie nie utoną, czy mogą żyć wiecznie?"
"Do they never die, as we do here in the sea?"
— Czy one nigdy nie umierają, tak jak my tutaj, na morzu?
"Yes, they die too" replied the old lady
– Tak, oni też umierają – odparła staruszka
"like us, they must also die," added her grandmother
– Tak jak my, oni też muszą umrzeć – dodała babcia
"and their lives are even shorter than ours"
"A ich życie jest jeszcze krótsze niż nasze"
"We sometimes live for three hundred years"
"Czasami żyjemy trzysta lat"

"but when we cease to exist here we become foam"
"Ale kiedy przestajemy tu istnieć, stajemy się pianą"
"and we float on the surface of the water"
"i unosimy się na powierzchni wody"
"we do not have graves for those we love"
"Nie mamy grobów dla tych, których kochamy"
"and we have not immortal souls"
"A my nie mamy dusz nieśmiertelnych"
"after we die we shall never live again"
"Gdy umrzemy, już nigdy nie ożyjemy"
"like the green seaweed, once it has been cut off"
"Jak zielone wodorosty, gdy zostaną odcięte"
"after we die, we can never flourish more"
"Po śmierci już nigdy nie będziemy mogli rozkwitnąć"
"Human beings, on the contrary, have souls"
"Istoty ludzkie, przeciwnie, mają duszę"
"even after they're dead their souls live forever"
"Nawet po śmierci ich dusze żyją wiecznie"
"when we die our bodies turn to foam"
"Kiedy umieramy, nasze ciała zamieniają się w pianę"
"when they die their bodies turn to dust"
"Gdy umierają, ich ciała obracają się w proch"
"when we die we rise through the clear, blue water"
"Kiedy umieramy, wznosimy się przez czystą, błękitną wodę"
"when they die they rise up through the clear, pure air"
"Kiedy umierają, unoszą się w czystym, czystym powietrzu"
"when we die we float no further than the surface"
"Kiedy umieramy, nie unosimy się dalej niż na powierzchnię"
"but when they die they go beyond the glittering stars"
"Lecz gdy umrą, wyjdą poza błyszczące gwiazdy"
"we rise out of the water to the surface"
"Wynurzamy się z wody na powierzchnię"
"and we behold all the land of the earth"
"I oto cała ziemia"
"they rise to unknown and glorious regions"
"Wznoszą się do nieznanych i chwalebnych regionów"

"glorious and unknown regions which we shall never see"
"Chwalebne i nieznane regiony, których nigdy nie zobaczymy"
the little mermaid mourned her lack of a soul
Mała Syrenka opłakiwała swój brak duszy
"Why have not we immortal souls?" asked the little mermaid
"Dlaczego nie mamy nieśmiertelnych dusz?" zapytała mała syrenka
"I would gladly give all the hundreds of years that I have"
"Z chęcią oddałabym wszystkie setki lat, które mam"
"I would trade it all to be a human being for one day"
"Oddałabym to wszystko, aby być człowiekiem za jeden dzień"
"to have the hope of knowing such happiness"
"mieć nadzieję zaznać takiego szczęścia"
"the happiness of that glorious world above the stars"
"Szczęście tego wspaniałego świata ponad gwiazdami"
"You must not think that," said the old woman
— Nie wolno ci tak myśleć — rzekła staruszka
"We believe that we are much happier than the humans"
"Wierzymy, że jesteśmy o wiele szczęśliwsi niż ludzie"
"and we believe we are much better off than human beings"
"Wierzymy, że jesteśmy w znacznie lepszej sytuacji niż ludzie"

"So I shall die," said the little mermaid
— A więc umrę — powiedziała mała syrenka
"being the foam of the sea, I shall be washed about"
"Będąc pianą morską, będę obmyty"
"never again will I hear the music of the waves"
"Nigdy więcej nie usłyszę muzyki fal"
"never again will I see the pretty flowers"
"Nigdy więcej nie zobaczę pięknych kwiatów"
"nor will I ever again see the red sun"
"I już nigdy nie zobaczę czerwonego słońca"
"Is there anything I can do to win an immortal soul?"
"Czy jest coś, co mogę zrobić, aby zdobyć nieśmiertelną duszę?"

"No," said the old woman, "unless..."
— Nie — odparła staruszka — chyba, że...
"there is just one way to gain a soul"
"Jest tylko jeden sposób na zdobycie duszy"
"a man has to love you more than he loves his father and mother"
"Mężczyzna musi kochać cię bardziej niż ojca i matkę"
"all his thoughts and love must be fixed upon you"
"Wszystkie Jego myśli i miłość muszą być skierowane na ciebie"
"he has to promise to be true to you here and hereafter"
"Musi obiecać, że będzie ci wierny tu i w przyszłości"
"the priest has to place his right hand in yours"
"Kapłan musi położyć swoją prawą rękę na twojej"
"then your man's soul would glide into your body"
"Wtedy dusza twojego mężczyzny wślizgnęłaby się do twojego ciała"
"you would get a share in the future happiness of mankind"
"Otrzymacie udział w przyszłym szczęściu ludzkości"
"He would give to you a soul and retain his own as well"
"On odda ci duszę, a zachowa też swoją własną"
"but it is impossible for this to ever happen"
"Ale to niemożliwe, żeby to się kiedykolwiek wydarzyło"
"Your fish's tail, among us, is considered beautiful"
"Twój rybi ogon jest u nas uważany za piękny"
"but on earth your fish's tail is considered ugly"
"Ale na ziemi twój rybi ogon jest uważany za brzydki"
"The humans do not know any better"
"Ludzie nie wiedzą nic lepszego"
"their standard of beauty is having two stout props"
"Ich standardem piękna jest posiadanie dwóch tęgich rekwizytów"
"these two stout props they call their legs"
"Te dwa tęgie rekwizyty nazywają nogami"
The little mermaid sighed at what appeared to be her destiny

Mała syrenka westchnęła na myśl o tym, co wydawało się jej przeznaczeniem
and she looked sorrowfully at her fish's tail
i spojrzała ze smutkiem na swój rybi ogon
"Let us be happy with what we have," said the old lady
– Cieszmy się z tego, co mamy – powiedziała staruszka
"let us dart and spring about for the three hundred years"
"Pędźmy i skaczmy przez trzysta lat"
"and three hundred years really is quite long enough"
"A trzysta lat to naprawdę wystarczająco długo"
"After that we can rest ourselves all the better"
"Potem możemy jeszcze lepiej odpocząć"
"This evening we are going to have a court ball"
"Dziś wieczorem będziemy mieli bal sądowy"

It was one of those splendid sights we can never see on earth
Był to jeden z tych wspaniałych widoków, których nigdy nie zobaczymy na ziemi
the court ball took place in a large ballroom
Bal dworski odbył się w dużej sali balowej
The walls and the ceiling were of thick transparent crystal
Ściany i sufit były z grubego, przezroczystego kryształu
Many hundreds of colossal shells stood in rows on each side
Wiele setek kolosalnych pocisków stało w rzędach po obu stronach
some were deep red, others were grass green
Niektóre były ciemnoczerwone, inne trawiaste
and each of the shells had a blue fire in it
a każda z muszli miała w sobie niebieski ogień
These lighted up the whole salon and the dancers
Rozświetliły one cały salon i tancerzy
and the shells shone out through the walls
a pociski prześwitywały przez ściany
so that the sea was also illuminated by their light
tak, że i morze było oświetlone ich światłem
Innumerable fishes, great and small, swam past

Niezliczone ryby, wielkie i małe, przepływały obok
some of their scales glowed with a purple brilliance
Niektóre z ich łusek lśniły purpurowym blaskiem
and other fishes shone like silver and gold
a inne ryby lśniły jak srebro i złoto
Through the halls flowed a broad stream
Przez sale płynął szeroki strumień
and in the stream danced the mermen and the mermaids
a w strumieniu tańczyły syreny i syreny
they danced to the music of their own sweet singing
Tańczyli do muzyki własnego słodkiego śpiewu

No one on earth has such lovely voices as they
Nikt na ziemi nie ma tak pięknych głosów jak oni
but the little mermaid sang more sweetly than all
Ale mała syrenka śpiewała słodko niż wszyscy
The whole court applauded her with hands and tails
Cały dwór bił jej brawo rękami i ogonami
and for a moment her heart felt quite happy
i przez chwilę jej serce poczuło się całkiem szczęśliwe
because she knew she had the sweetest voice in the sea
bo wiedziała, że ma najsłodszy głos w morzu
and she knew she had the sweetest voice on land
i wiedziała, że ma najsłodszy głos na lądzie
But soon she thought again of the world above her
Wkrótce jednak znów pomyślała o świecie nad sobą
she could not forget the charming prince
Nie mogła zapomnieć o czarującym księciu
it reminded her that he had an immortal soul
Przypomniało jej, że ma nieśmiertelną duszę
and she could not forget that she had no immortal soul
i nie mogła zapomnieć, że nie ma nieśmiertelnej duszy
She crept away silently out of her father's palace
Wymknęła się bezszelestnie z pałacu ojca
everything within was full of gladness and song
Wszystko wewnątrz było pełne radości i śpiewu

but she sat in her own little garden, sorrowful and alone
Siedziała jednak w swoim ogródku, pogrążona w smutku i samotności
Then she heard the bugle sounding through the water
Wtem usłyszała trąbkę rozbrzmiewającą w wodzie
and she thought, "He is certainly sailing above"
i pomyślała: "On z pewnością żegluje w górze"
"he, the beautiful prince, in whom my wishes centre"
"On, piękny książę, w którym skupiają się moje pragnienia"
"he, in whose hands I should like to place my happiness"
"Tego, w którego ręce chciałbym złożyć moje szczęście"
"I will venture all for him, and to win an immortal soul"
"Zaryzykuję dla niego wszystko, aby zdobyć nieśmiertelną duszę"
"my sisters are dancing in my father's palace"
"Moje siostry tańczą w pałacu mojego ojca"
"but I will go to the sea witch"
"ale pójdę do morskiej wiedźmy"
"the sea witch of whom I have always been so afraid"
"morska wiedźma, której zawsze tak się bałam"
"but the sea witch can give me counsel, and help"
"Ale morska wiedźma może mi udzielić rady i pomóc"

Then the little mermaid went out from her garden
Wtedy mała syrenka wyszła ze swojego ogrodu
and she took the road to the foaming whirlpools
i poszła drogą do spienionych wirów
behind the foaming whirlpools the sorceress lived
Za spienionymi wirami mieszkała czarodziejka
the little mermaid had never gone that way before
Mała Syrenka nigdy wcześniej nie szła tą drogą
Neither flowers nor grass grew where she was going
Tam, dokąd zmierzała, nie rosły ani kwiaty, ani trawa
there was nothing but bare, gray, sandy ground
Nie było nic poza gołą, szarą, piaszczystą ziemią
this barren land stretched out to the whirlpool

Ta jałowa ziemia rozciągała się aż do wiru
the water was like foaming mill wheels
Woda była jak pieniące się koła młyńskie
and the mills seized everything that came within reach
A młyny zagarnęły wszystko, co znalazło się w zasięgu ręki
they cast their prey into the fathomless deep
wrzucają swoją zdobycz w niezgłębioną głębinę
Through these crushing whirlpools she had to pass
Przez te miażdżące wiry musiała przejść
only then could she reach the dominions of the sea witch
Dopiero wtedy mogła dotrzeć do posiadłości morskiej wiedźmy
after this came a stretch of warm, bubbling mire
Potem nastąpił odcinek ciepłego, bulgoczącego błota
the sea witch called the bubbling mire her turf moor
Morska wiedźma nazwała bulgoczące bagno swoim wrzosowiskiem

Beyond her turf moor was the witch's house
Za jej wrzosowiskiem znajdował się dom wiedźmy
her house stood in the centre of a strange forest
Jej dom stał pośrodku dziwnego lasu
in this forest all the trees and flowers were polypi
W tym lesie wszystkie drzewa i kwiaty były polipami.
but they were only half plant; the other half was animal
ale były tylko w połowie roślinne; Druga połowa była zwierzęca
They looked like serpents with a hundred heads
Wyglądali jak węże o stu głowach
and each serpent was growing out of the ground
a każdy wąż wyrastał z ziemi
Their branches were long, slimy arms
Ich gałęzie były długimi, oślizgłymi ramionami
and they had fingers like flexible worms
i mieli palce jak giętkie robaki
each of their limbs, from the root to the top, moved

Każda z ich kończyn, od nasady do czubka, poruszała się
All that could be reached in the sea they seized upon
Wszystko, co można było osiągnąć w morzu, którego się chwycili
and what they caught they held on tightly to
A tego, co złapali, trzymali się kurczowo
so that it never escaped from their clutches
aby nigdy nie wyrwał się z ich szponów

The little mermaid was alarmed at what she saw
Mała syrenka była zaniepokojona tym, co zobaczyła
she stood still and her heart beat with fear
Stała nieruchomo, a jej serce biło ze strachu
She came very close to turning back
Niewiele brakowało, a by zawróciłaby,
but she thought of the beautiful prince
ale myślała o pięknym księciu
and the thought of the human soul for which she longed
i myśl duszy ludzkiej, za którą tęskniła
with these thoughts her courage returned
Z tymi myślami powróciła jej odwaga
She fastened her long, flowing hair round her head
Długie, rozwiane włosy zapięła wokół głowy
so that the polypi could not grab hold of her hair
tak, że polipy nie mogły złapać jej włosów
and she crossed her hands across her bosom
i skrzyżowała ręce na piersi
and then she darted forward like a fish through the water
A potem rzuciła się naprzód jak ryba przez wodę
between the supple arms and fingers of the ugly polypi
między giętkimi ramionami i palcami brzydkiego polipa
they were stretched out on each side of her
Były rozciągnięte po obu jej stronach
She saw that they all held something in their grasp
Zobaczyła, że wszyscy trzymają coś w ręku
something they had seized with their numerous little arms

coś, co chwycili swymi licznymi małymi ramionami
they were were white skeletons of human beings
Były to białe szkielety istot ludzkich
sailors who had perished at sea in storms
marynarze, którzy zginęli na morzu podczas sztormów
and they had sunk down into the deep waters
i pogrążyli się w głębokich wodach
and there were skeletons of land animals
Były też szkielety zwierząt lądowych
and there were oars, rudders, and chests of ships
Były też wiosła, stery i skrzynie okrętowe
There was even a little mermaid whom they had caught
Była nawet mała syrenka, którą złapali
the poor mermaid must have been strangled by the hands
Biedna syrenka musiała zostać uduszona rękami
to her this seemed the most shocking of all
Wydawało jej się to najbardziej szokujące ze wszystkich

finally, she came to a space of marshy ground in the woods
W końcu dotarła do bagnistego terenu w lesie
here there were large fat water snakes rolling in the mire
Tu w błocie tarzały się wielkie, tłuste węże wodne
the snakes showed their ugly, drab-colored bodies
Węże pokazywały swoje brzydkie, szare ciała
In the midst of this spot stood a house
Pośrodku tego miejsca stał dom
the house was built of the bones of shipwrecked human beings
Dom został zbudowany z kości rozbitków
and in the house sat the sea witch
A w domu siedziała morska wiedźma
she was allowing a toad to eat from her mouth
Pozwalała ropuchy jeść z jej ust
just like when people feed a canary with pieces of sugar
tak jak wtedy, gdy ludzie karmią kanarka kawałkami cukru
She called the ugly water snakes her little chickens

Brzydkie węże wodne nazywała swoimi małymi kurczaczkami
and she allowed them to crawl all over her bosom
i pozwoliła im pełzać po całym swoim łonie

"I know what you want," said the sea witch
– Wiem, czego chcesz – powiedziała morska wiedźma
"It is very stupid of you to want such a thing"
"To bardzo głupie z twojej strony, że chcesz czegoś takiego"
"but you shall have your way, however stupid it is"
"Ale ty będziesz robił to, co chcesz, jakkolwiek głupie by to nie było"
"though it will bring you to sorrow, my pretty princess"
"Choć to cię zasmuci, moja śliczna księżniczko"
"You want to get rid of your mermaid's tail"
"Chcesz pozbyć się ogona swojej syreny"
"and you want to have two supports instead"
"A zamiast tego chcesz mieć dwie podpory"
"this will make you like the human beings on earth"
"To sprawi, że staniesz się jak ludzie na ziemi"
"and then the young prince might fall in love with you"
"A wtedy młody książę może się w tobie zakochać"
"and then you might have an immortal soul"
"A wtedy mógłbyś mieć duszę nieśmiertelną"
the witch laughed loud and disgustingly
Wiedźma zaśmiała się głośno i obrzydliwie
the toad and the snakes fell to the ground
Ropucha i węże spadły na ziemię
and they lay there wriggling on the floor
i leżeli tam, wijąc się na podłodze
"You are but just in time," said the witch
— Jesteś w samą porę — powiedziała wiedźma
"after sunrise tomorrow it would have been too late"
"Jutro po wschodzie słońca byłoby już za późno"
"I would not be able to help you till the end of another year"
"Nie będę w stanie ci pomóc do końca roku"

"I will prepare a potion for you"
"Przygotuję dla ciebie eliksir"
"swim up to the land tomorrow, before sunrise
"Dopłyń do lądu jutro, przed wschodem słońca
"seat yourself there and drink the potion"
"Usiądź tam i wypij eliksir"
"after you drink it your tail will disappear"
"Po wypiciu ogon zniknie"
"and then you will have what men call legs"
"A wtedy będziesz miał to, co ludzie nazywają nogami"

"all will say you are the prettiest girl in the world"
"Wszyscy powiedzą, że jesteś najładniejszą dziewczyną na świecie"
"but for this you will have to endure great pain"
"Ale z tego powodu będziesz musiał znosić wielki ból"
"it will be as if a sword were passing through you"
"Będzie tak, jakby przechodził przez ciebie miecz"
"You will still have the same gracefulness of movement"
"Nadal będziesz miał ten sam wdzięk w poruszaniu się"
"it will be as if you are floating over the ground"
"To tak, jakbyś unosił się nad ziemią"
"and no dancer will ever tread as lightly as you"
"I żaden tancerz nigdy nie będzie stąpał tak lekko jak ty"
"but every step you take will cause you great pain"
"Ale każdy twój krok sprawi ci wielki ból"
"it will be as if you were treading upon sharp knives"
"To tak, jakbyś stąpał po ostrych nożach"
"If you bear all this suffering, I will help you"
"Jeśli zniesiesz całe to cierpienie, pomogę ci"
the little mermaid thought of the prince
Mała Syrenka pomyślała o księciu
and she thought of the happiness of an immortal soul
i myślała o szczęściu nieśmiertelnej duszy
"Yes, I will," said the little princess
– Tak, zrobię to – odparła mała księżniczka

but, as you can imagine, her voice trembled with fear
Ale, jak możesz sobie wyobrazić, jej głos drżał ze strachu

"do not rush into this," said the witch
– Nie spiesz się z tym – powiedziała wiedźma
"once you are shaped like a human, you can never return"
"Kiedy raz ukształtujesz się jak człowiek, nigdy nie możesz wrócić"
"and you will never again take the form of a mermaid"
"I już nigdy nie przybierzesz postaci syreny"
"You will never return through the water to your sisters"
"Nigdy nie wrócisz przez wodę do swoich sióstr"
"nor will you ever go to your father's palace again"
"I nigdy więcej nie pójdziesz do pałacu twego ojca"
"you will have to win the love of the prince"
"Będziesz musiał zdobyć miłość księcia"
"he must be willing to forget his father and mother for you"
"Musi być gotów zapomnieć o swoim ojcu i matce dla ciebie"
"and he must love you with all of his soul"
"I niech cię kocha z całej duszy"
"the priest must join your hands together"
"Ksiądz musi złożyć wasze ręce"
"and he must make you man and wife in holy matrimony"
"I uczyni was mężem i żoną w świętym małżeństwie"
"only then will you have an immortal soul"
"Tylko wtedy będziesz miał nieśmiertelną duszę"
"but you must never allow him to marry another"
"Ale nigdy nie wolno ci pozwolić mu poślubić innego"
"the morning after he marries another, your heart will break"
"Nazajutrz po tym, jak poślubi inną, twoje serce pęknie"
"and you will become foam on the crest of the waves"
"i staniesz się pianą na grzbiecie fal"
the little mermaid became as pale as death
Mała Syrenka zbladła jak śmierć
"I will do it," said the little mermaid
– Zrobię to – powiedziała mała syrenka

"But I must be paid, also," said the witch
— Ale ja też muszę dostać zapłatę — powiedziała czarownica
"and it is not a trifle that I ask for"
"i to nie jest drobiazg, o który proszę"
"You have the sweetest voice of any who dwell here"
"Masz najsłodszy głos ze wszystkich, którzy tu mieszkają"
"you believe that you can charm the prince with your voice"
"Wierzysz, że możesz oczarować księcia swoim głosem"
"But your beautiful voice you must give to me"
"Ale musisz mi dać swój piękny głos"
"The best thing you possess is the price of my potion"
"Najlepszą rzeczą, jaką posiadasz, jest cena mojego eliksiru"
"the potion must be mixed with my own blood"
"Eliksir musi być zmieszany z moją własną krwią"
"only this makes it as sharp as a two-edged sword"
"Tylko to sprawia, że jest ostry jak miecz obosieczny"

the little mermaid tried to object to the cost
Mała Syrenka próbowała sprzeciwić się kosztom
"But if you take away my voice..." said the little mermaid
"Ale jeśli odbierzesz mi głos..." powiedziała mała syrenka
"if you take away my voice, what is left for me?"
"Jeśli odbierzesz mi głos, cóż mi pozostanie?"
"Your beautiful form," suggested the sea witch
— Twoja piękna postać – zasugerowała morska wiedźma
"your graceful walk, and your expressive eyes"
"Twój pełen wdzięku chód i wyraziste oczy"
"Surely, with these you can enchain a man's heart?"
— Z pewnością można nimi zniewolić serce mężczyzny?
"Well, have you lost your courage?" the sea witch asked
"Straciłaś odwagę?" – zapytała morska wiedźma
"Put out your little tongue, so that I can cut it off"
"Wyciągnij swój mały język, abym mógł go odciąć"
"then you shall have the powerful potion"
"Wtedy będziesz miał potężny eliksir"

"It shall be," said the little mermaid
— Będzie — rzekła syrenka

Then the witch placed her caldron on the fire
Potem wiedźma postawiła swój kociołek na ogniu
"Cleanliness is a good thing," said the sea witch
— Czystość to dobra rzecz — powiedziała morska wiedźma
she scoured the vessels for the right snake
Przeszukała naczynia w poszukiwaniu odpowiedniego węża
all the snakes had been tied together in a large knot
Wszystkie węże były związane razem w duży węzeł
Then she pricked herself in the breast
Potem ukłuła się w pierś
and she let the black blood drop into the caldron
i pozwoliła, by czarna krew wpadła do kotła
The steam that rose twisted itself into horrible shapes
Para, która unosiła się w górę, skręcała się w straszliwe kształty
no person could look at the shapes without fear
Nikt nie mógł patrzeć na kształty bez strachu
Every moment the witch threw new ingredients into the vessel
Co chwila wiedźma wrzucała do naczynia nowe składniki
finally, with everything inside, the caldron began to boil
W końcu, gdy wszystko było w środku, kocioł zaczął się gotować
there was the sound like the weeping of a crocodile
Rozległ się dźwięk przypominający płacz krokodyla
and at last the magic potion was ready
i w końcu magiczna mikstura była gotowa
despite its ingredients, it looked like the clearest water
Mimo swoich składników wyglądała jak najczystsza woda
"There it is, all for you," said the witch
— To wszystko, wszystko dla ciebie — powiedziała wiedźma
and then she cut off the little mermaid's tongue
A potem odcięła język małej syrenki

so that the little mermaid could never again speak, nor sing
tak, że mała syrenka już nigdy nie mogła mówić ani śpiewać
"the polypi might try and grab you on the way out"
"Polipy mogą próbować złapać cię w drodze powrotnej"
"if they try, throw over them a few drops of the potion"
"Jeśli spróbują, wylej na nich kilka kropel eliksiru"
"and their fingers will be torn into a thousand pieces"
"A palce ich rozerwą na tysiąc kawałków"
But the little mermaid had no need to do this
Ale mała syrenka nie musiała tego robić
the polypi sprang back in terror when they saw her
Polipy odskoczyły przerażone, gdy ją zobaczyły
they saw she had lost her tongue to the sea witch
Zobaczyli, że straciła język na rzecz morskiej wiedźmy
and they saw she was carrying the potion
i zobaczyli, że ma przy sobie eliksir
the potion shone in her hand like a twinkling star
Eliksir lśnił w jej dłoni jak migocząca gwiazda

So she passed quickly through the wood and the marsh
Przeszła więc szybko przez las i bagna
and she passed between the rushing whirlpools
i przeszła między rwącymi wirami
soon she made it back to the palace of her father
Wkrótce wróciła do pałacu ojca
all the torches in the ballroom were extinguished
Wszystkie pochodnie w sali balowej zostały zgaszone
all within the palace must now be asleep
Wszyscy w pałacu muszą teraz spać
But she did not go inside to see them
Ale nie weszła do środka, żeby ich zobaczyć
she knew she was going to leave them forever
Wiedziała, że opuści ich na zawsze
and she knew her heart would break if she saw them
i wiedziała, że jej serce pęknie, gdy je zobaczy
she went into the garden one last time

Poszła do ogrodu po raz ostatni
and she took a flower from each one of her sisters
I wzięła kwiat od każdej ze swoich sióstr
and then she rose up through the dark-blue waters
a potem wynurzyła się z ciemnoniebieskich wód

the little mermaid arrived at the prince's palace
Mała Syrenka przybyła do pałacu księcia
the the sun had not yet risen from the sea
Słońce jeszcze nie wzeszło znad morza
and the moon shone clear and bright in the night
a księżyc świecił jasno i jasno w nocy
the little mermaid sat at the beautiful marble steps
Mała Syrenka siedziała przy pięknych marmurowych schodach
and then the little mermaid drank the magic potion
A potem mała syrenka wypiła magiczny eliksir
she felt the cut of a two-edged sword cut through her
Poczuła, jak przecina ją obosieczny miecz
and she fell into a swoon, and lay like one dead
Omdlała i leżała jak martwa
the sun rose from the sea and shone over the land
Słońce wzeszło znad morza i zaświeciło nad lądem
she recovered and felt the pain from the cut
Doszła do siebie i poczuła ból spowodowany skaleczeniem
but before her stood the handsome young prince
ale przed nią stał przystojny młody książę

He fixed his coal-black eyes upon the little mermaid
Utkwił czarne jak węgiel oczy w małej syrence
he looked so earnestly that she cast down her eyes
Spojrzał tak poważnie, że spuściła oczy
and then she became aware that her fish's tail was gone
A potem zdała sobie sprawę, że jej rybi ogon zniknął
she saw that she had the prettiest pair of white legs
Zobaczyła, że ma najładniejszą parę białych nóg

and she had tiny feet, as any little maiden would have
i miała maleńkie stopy, jak każda mała dziewczynka
But, having come from the sea, she had no clothes
Ale przybywszy z morza, nie miała ubrania
so she wrapped herself in her long, thick hair
Otuliła się więc długimi, gęstymi włosami
The prince asked her who she was and whence she came
Książę zapytał ją, kim jest i skąd pochodzi
She looked at him mildly and sorrowfully
Spojrzała na niego łagodnie i ze smutkiem
but she had to answer with her deep blue eyes
Musiała jednak odpowiedzieć swymi ciemnoniebieskimi oczami
because the little mermaid could not speak anymore
bo mała syrenka nie mogła już mówić
He took her by the hand and led her to the palace
Wziął ją za rękę i zaprowadził do pałacu

Every step she took was as the witch had said it would be
Każdy jej krok był taki, jak powiedziała wiedźma
she felt as if she were treading upon sharp knives
Czuła się tak, jakby stąpała po ostrych nożach
She bore the pain of the spell willingly, however
Dobrowolnie jednak znosiła ból zaklęcia
and she moved at the prince's side as lightly as a bubble
i poruszała się u boku księcia lekko, jak bańka mydlana
all who saw her wondered at her graceful, swaying movements
Wszyscy, którzy ją widzieli, dziwili się jej pełnym wdzięku, kołyszącym się ruchom
She was very soon arrayed in costly robes of silk and muslin
Wkrótce została przyodziana w kosztowne szaty z jedwabiu i muślinu
and she was the most beautiful creature in the palace
i była najpiękniejszym stworzeniem w pałacu
but she appeared dumb, and could neither speak nor sing

Wydawała się jednak niema i nie umiała ani mówić, ani śpiewać

there were beautiful female slaves, dressed in silk and gold
Były tam piękne niewolnice, ubrane w jedwab i złoto
they stepped forward and sang in front of the royal family
Wystąpili i zaśpiewali przed rodziną królewską
each slave could sing better than the next one
Każdy niewolnik potrafił śpiewać lepiej niż następny
and the prince clapped his hands and smiled at her
Książę klasnął w dłonie i uśmiechnął się do niej
This was a great sorrow to the little mermaid
Był to wielki smutek dla małej syrenki
she knew how much more sweetly she was able to sing
Wiedziała, o ile słodko potrafi śpiewać
"if only he knew I have given away my voice to be with him!"
"Gdyby tylko wiedział, że oddałam swój głos, aby być z nim!"

there was music being played by an orchestra
Orkiestra grała muzykę
and the slaves performed some pretty, fairy-like dances
Niewolnicy wykonywali piękne tańce przypominające bajki
Then the little mermaid raised her lovely white arms
Wtedy mała syrenka uniosła swoje śliczne białe ramiona
she stood on the tips of her toes like a ballerina
Stanęła na czubkach palców u nóg jak baletnica
and she glided over the floor like a bird over water
i szybowała po podłodze jak ptak po wodzie
and she danced as no one yet had been able to dance
i tańczyła tak, jak nikt jeszcze nie umiał tańczyć
At each moment her beauty was more revealed
Z każdą chwilą jej piękno coraz bardziej się odsłaniało
most appealing of all, to the heart, were her expressive eyes
Najbardziej przemawiające do serca były jej wyraziste oczy
Everyone was enchanted by her, especially the prince

Wszyscy byli nią oczarowani, zwłaszcza książę
the prince called her his deaf little foundling
Książę nazywał ją swoim głuchym podrzutkiem
and she happily continued to dance, to please the prince
Z radością tańczyła dalej, aby zadowolić księcia
but we must remember the pain she endured for his pleasure
Musimy jednak pamiętać o bólu, jaki znosiła dla jego przyjemności
every step on the floor felt as if she trod on sharp knives
Każdy krok po podłodze sprawiał wrażenie, jakby nadepnęła na ostre noże

The prince said she should remain with him always
Książę powiedział, że powinna pozostać z nim na zawsze
and she was given permission to sleep at his door
i pozwolono jej spać pod jego drzwiami
they brought a velvet cushion for her to lie on
Przynieśli jej aksamitną poduszkę, na której mogła się położyć
and the prince had a page's dress made for her
Książę kazał jej uszyć suknię pazia
this way she could accompany him on horseback
W ten sposób mogła towarzyszyć mu na koniu
They rode together through the sweet-scented woods
Jechali razem przez pachnący las
in the woods the green branches touched their shoulders
W lesie zielone gałęzie dotykały ich ramion
and the little birds sang among the fresh leaves
a ptaszki śpiewały wśród świeżych liści
She climbed with him to the tops of high mountains
Wspinała się z nim na szczyty wysokich gór
and although her tender feet bled, she only smiled
I choć jej delikatne stopy krwawiły, uśmiechała się tylko
she followed him till the clouds were beneath them
Szła za nim, aż chmury znalazły się pod nimi
like a flock of birds flying to distant lands

jak stado ptaków lecących do dalekich krain

when all were asleep she sat on the broad marble steps
Kiedy wszyscy zasnęli, usiadła na szerokich marmurowych schodach
it eased her burning feet to bathe them in the cold water
ulżyło jej płonącym stopom, gdy mogła je wykąpać w zimnej wodzie
It was then that she thought of all those in the sea
Wtedy pomyślała o tych wszystkich, którzy są w morzu
Once, during the night, her sisters came up, arm in arm
Pewnego razu, w nocy, podeszły jej siostry, ramię w ramię
they sang sorrowfully as they floated on the water
Śpiewali ze smutkiem, unosząc się na wodzie
She beckoned to them, and they recognized her
Skinęła na nich, a oni ją rozpoznali
they told her how they had grieved their youngest sister
Opowiedzieli jej, jak opłakiwali swoją najmłodszą siostrę
after that, they came to the same place every night
Potem co noc przychodzili w to samo miejsce
Once she saw in the distance her old grandmother
Pewnego razu zobaczyła w oddali swoją starą babcię
she had not been to the surface of the sea for many years
Od wielu lat nie była na powierzchni morza
and the old Sea King, her father, with his crown on his head
i stary Król Mórz, jej ojciec, z koroną na głowie
he too came to where she could see him
On też przyszedł tam, gdzie mogła go zobaczyć
They stretched out their hands towards her
Wyciągnęli w jej stronę ręce
but they did not venture as near the land as her sisters
Nie zapuszczały się jednak tak blisko lądu, jak jej siostry

As the days passed she loved the prince more dearly
Dni mijały, a ona coraz bardziej kochała księcia
and he loved her as one would love a little child

Kochał ją tak, jak kocha się małe dziecko
The thought never came to him to make her his wife
Nigdy nie przyszło mu do głowy, by uczynić ją swoją żoną
but, unless he married her, her wish would never come true
Ale jeśli się z nią nie ożeni, jej życzenie nigdy się nie spełni
unless he married her she could not receive an immortal soul
Gdyby się z nią nie ożenił, nie mogła otrzymać nieśmiertelnej duszy
and if he married another her dreams would shatter
A jeśli ożeni się z inną, jej marzenia legną w gruzach
on the morning after his marriage she would dissolve
Nazajutrz po ślubie miała się rozpaść
and the little mermaid would become the foam of the sea
a mała syrenka stanie się morską pianą

the prince took the little mermaid in his arms
Książę wziął Małą Syrenkę w ramiona
and he kissed her on her forehead
i pocałował ją w czoło
with her eyes she tried to ask him
Wzrokiem próbowała go zapytać
"Do you not love me the most of them all?"
"Czyż nie kochasz mnie najbardziej ze wszystkich?"
"Yes, you are dear to me," said the prince
— Tak, jesteś mi drogi — odparł książę
"because you have the best heart"
"Bo masz najlepsze serce"
"and you are the most devoted to me"
"A ty jesteś mi najbardziej oddany"
"You are like a young maiden whom I once saw"
"Jesteś jak młoda dziewczyna, którą kiedyś widziałem"
"but I shall never meet this young maiden again"
"Ale już nigdy nie spotkam tej młodej dziewczyny"
"I was in a ship that was wrecked"
"Byłem na statku, który się rozbił"
"and the waves cast me ashore near a holy temple"

"I fale wyrzuciły mnie na brzeg w pobliżu świętej świątyni"
"at the temple several young maidens performed the service"
"W świątyni odprawiało nabożeństwo kilka młodych dziewcząt"
"The youngest maiden found me on the shore"
"Najmłodsza dziewczyna znalazła mnie na brzegu"
"and the youngest of the maidens saved my life"
"A najmłodsza z dziewic uratowała mi życie"
"I saw her but twice," he explained
– Widziałem ją tylko dwa razy – wyjaśnił
"and she is the only one in the world whom I could love"
"A ona jest jedyną osobą na świecie, którą mógłbym kochać"
"But you are like her," he reassured the little mermaid
– Ale ty jesteś taka jak ona – uspokoił małą syrenkę
"and you have almost driven her image from my mind"
"I prawie wyparłeś jej obraz z mojego umysłu"
"She belongs to the holy temple"
"Należy do świętej świątyni"
"good fortune has sent you instead of her to me"
"Szczęście przysłało do mnie ciebie, a nie ją"
"We will never part," he comforted the little mermaid
– Nigdy się nie rozstaniemy – pocieszył małą syrenkę

but the little mermaid could not help but sigh
Ale mała syrenka nie mogła powstrzymać się od westchnienia
"he knows not that it was I who saved his life"
"Nie wie, że to Ja uratowałem mu życie"
"I carried him over the sea to where the temple stands"
"Przeniosłem go przez morze do miejsca, gdzie stoi świątynia"
"I sat beneath the foam till the human came to help him"
"Siedziałem pod pianą, dopóki człowiek nie przyszedł mu z pomocą"
"I saw the pretty maiden that he loves"
"Widziałem śliczną dziewczynę, którą kocha"
"the pretty maiden that he loves more than me"
"Śliczna dziewczyna, którą kocha bardziej niż mnie"

The mermaid sighed deeply, but she could not weep
Syrena westchnęła głęboko, ale nie mogła płakać
"He says the maiden belongs to the holy temple"
"Mówi, że dziewica należy do świętej świątyni"
"therefore she will never return to the world"
"Dlatego już nigdy nie powróci na ten świat"
"they will meet no more," the little mermaid hoped
– Już się nie spotkają – miała nadzieję mała syrenka
"I am by his side and see him every day"
"Jestem przy nim i widzę go codziennie"
"I will take care of him, and love him"
"Zaopiekuję się nim i będę go kochał"
"and I will give up my life for his sake"
"I oddam za niego życie moje"

Very soon it was said that the prince was to marry
Wkrótce mówiono, że książę ma się ożenić
there was the beautiful daughter of a neighbouring king
Była tam piękna córka sąsiedniego króla
it was said that she would be his wife
Mówiono, że zostanie jego żoną
for the occasion a fine ship was being fitted out
Z tej okazji wyposażono piękny statek
the prince said he intended only to visit the king
Książę powiedział, że zamierza tylko odwiedzić króla
they thought he was only going so as to meet the princess
Myśleli, że idzie tylko po to, by spotkać się z księżniczką
The little mermaid smiled and shook her head
Mała syrenka uśmiechnęła się i pokręciła głową
She knew the prince's thoughts better than the others
Znała myśli księcia lepiej niż inni

"I must travel," he had said to her
– Muszę jechać – powiedział do niej
"I must see this beautiful princess"
"Muszę zobaczyć tę piękną księżniczkę"

"My parents want me to go and see her
"Moi rodzice chcą, żebym poszedł ją zobaczyć
but they will not oblige me to bring her home as my bride"
"Ale nie zmuszą mnie, abym przyprowadził ją do domu jako moją oblubienicę"
"you know that I cannot love her"
"Wiesz, że nie mogę jej kochać"
"because she is not like the beautiful maiden in the temple"
"Bo nie jest podobna do pięknej dziewicy w świątyni"
"the beautiful maiden whom you resemble"
"Piękna dziewczyna, do której jesteś podobny"
"If I were forced to choose a bride, I would choose you"
"Gdybym był zmuszony wybrać pannę młodą, wybrałbym ciebie"
"my deaf foundling, with those expressive eyes"
"Mój głuchy podrzutek, z tymi wyrazistymi oczami"
Then he kissed her rosy mouth
Potem pocałował jej różowe usta
and he played with her long, waving hair
i bawił się jej długimi, falującymi włosami
and he laid his head on her heart
i położył głowę na jej sercu
she dreamed of human happiness and an immortal soul
Marzyła o ludzkim szczęściu i nieśmiertelnej duszy

they stood on the deck of the noble ship
Stali na pokładzie szlachetnego statku
"You are not afraid of the sea, are you?" he said
"Nie boisz się morza, prawda?" powiedział
the ship was to carry them to the neighbouring country
Statek miał ich przewieźć do sąsiedniego kraju
Then he told her of storms and of calms
Potem opowiedział jej o burzach i ciszach
he told her of strange fishes deep beneath the water
Opowiedział jej o dziwnych rybach głęboko pod wodą
and he told her of what the divers had seen there

Opowiedział jej o tym, co widzieli tam nurkowie
She smiled at his descriptions, slightly amused
Uśmiechnęła się, słysząc jego opisy, lekko rozbawiona
she knew better what wonders were at the bottom of the sea
Wiedziała lepiej, jakie cuda kryją się na dnie morza

the little mermaid sat on the deck at moonlight
Mała Syrenka siedziała na pokładzie w świetle księżyca
all on board were asleep, except the man at the helm
Wszyscy na pokładzie spali, z wyjątkiem mężczyzny za sterem
and she gazed down through the clear water
i spojrzała w dół przez przejrzystą wodę
She thought she could distinguish her father's castle
Zdawało jej się, że potrafi rozróżnić zamek ojca
and in the castle she could see her aged grandmother
A w zamku widziała swoją sędziwą babkę
Then her sisters came out of the waves
Wtedy z fal wyłoniły się jej siostry
and they gazed at their sister mournfully
i spoglądali na siostrę ze smutkiem
She beckoned to her sisters, and smiled
Skinęła na siostry i uśmiechnęła się
she wanted to tell them how happy and well off she was
Chciała im powiedzieć, jak bardzo jest szczęśliwa i dobrze jej się powodzi
But the cabin boy approached and her sisters dived down
Ale chłopiec pokładowy zbliżył się i jej siostry zanurkowały
he thought what he saw was the foam of the sea
Wydawało mu się, że to, co widzi, to piana morska

The next morning the ship got into the harbour
Następnego ranka statek wpłynął do portu
they had arrived in a beautiful coastal town
Przybyli do pięknego nadmorskiego miasteczka
on their arrival they were greeted by church bells

Po przybyciu na miejsce przywitały ich dzwony kościelne
and from the high towers sounded a flourish of trumpets
a z wysokich wież rozległ się dźwięk trąb
soldiers lined the roads through which they passed
Żołnierze ustawili się wzdłuż dróg, którymi przechodzili
Soldiers, with flying colors and glittering bayonets
Żołnierze śpiewająco i z błyszczącymi bagnetami
Every day that they were there there was a festival
Każdego dnia, kiedy tam byli, odbywał się festiwal
balls and entertainments were organised for the event
Z okazji imprezy zorganizowano bale i zabawy
But the princess had not yet made her appearance
Ale księżniczka jeszcze się nie ukazała
she had been brought up and educated in a religious house
Wychowywała się i kształciła w domu zakonnym
she was learning every royal virtue of a princess
Uczyła się wszystkich królewskich cnót księżniczki

At last, the princess made her royal appearance
W końcu księżniczka pojawiła się po królewsku
The little mermaid was anxious to see her
Mała syrenka nie mogła się doczekać, aż ją zobaczy
she had to know whether she really was beautiful
Musiała wiedzieć, czy naprawdę jest piękna
she was obliged to admit she really was beautiful
Musiała przyznać, że naprawdę jest piękna
she had never seen a more perfect vision of beauty
Nigdy nie widziała doskonalszej wizji piękna
Her skin was delicately fair
Jej skóra była delikatnie jasna
and her laughing blue eyes shone with truth and purity
a jej roześmiane niebieskie oczy lśniły prawdą i czystością
"It was you," said the prince
— To byłeś ty — rzekł książę
"you saved my life when I lay as if dead on the beach"
"Uratowałeś mi życie, kiedy leżałem martwy na plaży"

"and he held his blushing bride in his arms"
"I trzymał w ramionach swoją zarumienioną oblubienicę"

"Oh, I am too happy!" said he to the little mermaid
"Och, jestem zbyt szczęśliwy!" powiedział do małej syrenki
"my fondest hopes are now fulfilled"
"Moje najskrytsze nadzieje się spełniły"
"You will rejoice at my happiness"
"Będziesz się radował z mojego szczęścia"
"because your devotion to me is great and sincere"
"Bo wasze oddanie dla mnie jest wielkie i szczere"
The little mermaid kissed the prince's hand
Mała syrenka pocałowała księcia w rękę
and she felt as if her heart were already broken
i czuła się tak, jakby jej serce było już złamane
His wedding morning would bring death to her
Jego poranek poślubny miał przynieść jej śmierć
she knew she was to become the foam of the sea
Wiedziała, że stanie się morską pianą

the sound of the church bells rang through the town
Dźwięk dzwonów kościelnych rozbrzmiewał w całym mieście
the heralds rode through the town proclaiming the betrothal
Heroldowie przejeżdżali przez miasto, ogłaszając zaręczyny
Perfumed oil was burned in silver lamps on every altar
Wonny olejek palono w srebrnych lampach na każdym ołtarzu
The priests waved the censers over the couple
Kapłani machnęli kadzielnicami nad parą
and the bride and the bridegroom joined their hands
Oblubienica i oblubieniec podali sobie ręce
and they received the blessing of the bishop
i otrzymali błogosławieństwo biskupa
The little mermaid was dressed in silk and gold
Mała syrenka ubrana była w jedwab i złoto
she held up the bride's dress, in great pain

Uniosła suknię panny młodej, w wielkim bólu
but her ears heard nothing of the festive music
ale jej uszy nie słyszały świątecznej muzyki
and her eyes saw not the holy ceremony
a jej oczy nie widziały świętej ceremonii
She thought of the night of death coming to her
Myślała o nadchodzącej nocy śmierci
and she mourned for all she had lost in the world
i opłakiwała wszystko, co straciła na świecie

that evening the bride and bridegroom boarded the ship
Tego wieczoru para młoda weszła na pokład statku
the ship's cannons were roaring to celebrate the event
Armaty okrętowe ryczały, aby uczcić to wydarzenie
and all the flags of the kingdom were waving
i powiewały wszystkie chorągwie królestwa
in the centre of the ship a tent had been erected
Na środku statku postawiono namiot
in the tent were the sleeping couches for the newlyweds
W namiocie znajdowały się kanapy do spania dla nowożeńców
the winds were favourable for navigating the calm sea
Wiatry sprzyjały żegludze po spokojnym morzu
and the ship glided as smoothly as the birds of the sky
A statek sunął gładko jak ptaki na niebie

When it grew dark, a number of colored lamps were lighted
Kiedy zrobiło się ciemno, zapalono kilka kolorowych lamp
the sailors and royal family danced merrily on the deck
Marynarze i rodzina królewska tańczyli wesoło na pokładzie
The little mermaid could not help thinking of her birthday
Mała syrenka nie mogła przestać myśleć o swoich urodzinach
the day that she rose out of the sea for the first time
Dzień, w którym po raz pierwszy wynurzyła się z morza
similar joyful festivities were celebrated on that day
Podobne radosne uroczystości obchodzono tego dnia

she thought about the wonder and hope she felt that day
Pomyślała o zdumieniu i nadziei, jakie poczuła tamtego dnia
with those pleasant memories, she too joined in the dance
Z tymi miłymi wspomnieniami ona również przyłączyła się do tańca
on her paining feet, she poised herself in the air
Stojąc na obolałych nogach, uniosła się w powietrze
the way a swallow poises itself when in pursued of prey
Sposób, w jaki jaskółka ustawia się, gdy jest ścigana zdobyczą
the sailors and the servants cheered her wonderingly
Marynarze i służba wiwatowali na jej cześć
She had never danced so gracefully before
Nigdy wcześniej nie tańczyła z takim wdziękiem
Her tender feet felt as if cut with sharp knives
Jej delikatne stopy czuły się, jakby cięte ostrymi nożami
but she cared little for the pain of her feet
Nie przejmowała się jednak bólem stóp
there was a much sharper pain piercing her heart
O wiele ostrzejszy ból przeszywał jej serce

She knew this was the last evening she would ever see him
Wiedziała, że to ostatni wieczór, kiedy go zobaczy
the prince for whom she had forsaken her kindred and home
księcia, dla którego porzuciła swoich krewnych i dom
She had given up her beautiful voice for him
Zrezygnowała dla niego ze swojego pięknego głosu
and every day she had suffered unheard-of pain for him
i każdego dnia cierpiała z jego powodu niesłychany ból
she suffered all this, while he knew nothing of her pain
Ona cierpiała to wszystko, podczas gdy on nic nie wiedział o jej bólu
it was the last evening she would breath the same air as him
To był ostatni wieczór, kiedy oddychała tym samym powietrzem co on
it was the last evening she would gaze on the same starry sky

To był ostatni wieczór, kiedy wpatrywała się w to samo rozgwieżdżone niebo
it was the last evening she would gaze into the deep sea
To był ostatni wieczór, kiedy wpatrywała się w głębiny morskie
it was the last evening she would gaze into the eternal night
Był to ostatni wieczór, kiedy wpatrywała się w wieczną noc
an eternal night without thoughts or dreams awaited her
czekała na nią wieczna noc bez myśli i marzeń
She was born without a soul, and now she could never win one
Urodziła się bez duszy, a teraz nigdy nie mogła jej zdobyć

All was joy and gaiety on the ship until long after midnight
Na statku panowała radość i wesołość jeszcze długo po północy
She smiled and danced with the others on the royal ship
Uśmiechała się i tańczyła z innymi na królewskim statku
but she danced while the thought of death was in her heart
Ale tańczyła, gdy myśl o śmierci była w jej sercu
she had to watch the prince dance with the princess
Musiała patrzeć, jak książę tańczy z księżniczką
she had to watch when the prince kissed his beautiful bride
Musiała patrzeć, jak książę całuje swoją piękną narzeczoną
she had to watch her play with the prince's raven hair
Musiała patrzeć, jak bawi się kruczymi włosami księcia
and she had to watch them enter the tent, arm in arm
Musiała patrzeć, jak wchodzą do namiotu, ramię w ramię

after they had gone all became still on board the ship
Gdy odeszli, wszyscy umilkli na pokładzie statku
only the pilot, who stood at the helm, was still awake
Tylko pilot, który stał za sterem, jeszcze nie spał
The little mermaid leaned on the edge of the vessel
Mała syrenka oparła się o krawędź naczynia
she looked towards the east for the first blush of morning

Spojrzała na wschód, szukając pierwszego rumieńca poranka
the first ray of the dawn, which was to be her death
pierwszy promień świtu, którym miała być jej śmierć
from far away she saw her sisters rising out of the sea
Z daleka widziała swoje siostry wynurzające się z morza
They were as pale with fear as she was
Byli tak samo ze strachu jak ona
but their beautiful hair no longer waved in the wind
ale ich piękne włosy nie powiewały już na wietrze
"We have given our hair to the witch," said they
"Oddaliśmy nasze włosy wiedźmie" – powiedzieli
"so that you do not have to die tonight"
"Żebyś nie musiał umierać tej nocy"
"for our hair we have obtained this knife"
"Za nasze włosy mamy ten nóż"
"Before the sun rises you must use this knife"
"Zanim wzejdzie słońce, musisz użyć tego noża"
"you must plunge the knife into the heart of the prince"
"Musisz wbić nóż w serce księcia"
"the warm blood of the prince must fall upon your feet"
"Ciepła krew księcia spadnie na twe stopy"
"and then your feet will grow together again"
"A wtedy nogi wasze znów się zrosną"
"where you have legs you will have a fish's tail again"
"Tam, gdzie masz nogi, znów będziesz miał rybi ogon"
"and where you were human you will once more be a mermaid"
"A tam, gdzie byłaś człowiekiem, znów będziesz syreną"
"then you can return to live with us, under the sea"
"Wtedy możesz wrócić do nas i zamieszkać pod wodą"
"and you will be given your three hundred years of a mermaid"
"A dostaniesz trzysta lat syreny"
"and only then will you be changed into the salty sea foam"
"I dopiero wtedy zamienisz się w słoną morską pianę"
"Haste, then; either he or you must die before sunrise"

— Spiesz się więc. Albo on, albo ty musisz umrzeć przed wschodem słońca"
"our old grandmother mourns for you day and night"
"Nasza stara babcia opłakuje cię dniem i nocą"
"her white hair is falling out"
"Wypadają jej siwe włosy"
"just as our hair fell under the witch's scissors"
"Tak jak włosy spadły nam pod nożyczkami wiedźmy"
"Kill the prince, and come back," they begged her
"Zabij księcia i wróć" – błagali ją
"Do you not see the first red streaks in the sky?"
— Czy nie widzisz pierwszych czerwonych smug na niebie?
"In a few minutes the sun will rise, and you will die"
"Za kilka minut wzejdzie słońce, a ty umrzesz"
having done their best, her sisters sighed deeply
Zrobiwszy wszystko, co w ich mocy, jej siostry westchnęły głęboko
mournfully her sisters sank back beneath the waves
Pogrążone w smutku siostry zatonęły z powrotem pod falami
and the little mermaid was left with the knife in her hands
A mała syrenka została z nożem w rękach

she drew back the crimson curtain of the tent
Odsunęła szkarłatną zasłonę namiotu
and in the tent she saw the beautiful bride
A w namiocie ujrzała piękną oblubienicę
her face was resting on the prince's breast
Jej twarz spoczywała na piersi księcia
and then the little mermaid looked at the sky
A potem mała syrenka spojrzała w niebo
on the horizon the rosy dawn grew brighter and brighter
Na horyzoncie różowy świt stawał się coraz jaśniejszy
She glanced at the sharp knife in her hands
Zerknęła na trzymany w dłoniach ostry nóż
and again she fixed her eyes on the prince
I znowu utkwiła wzrok w księciu

She bent down and kissed his noble brow
Pochyliła się i pocałowała go w szlachetne czoło
he whispered the name of his bride in his dreams
Szeptał imię swojej narzeczonej w snach
he was dreaming of the princess he had married
Śniła mu się księżniczka, którą poślubił
the knife trembled in the hand of the little mermaid
nóż zadrżał w dłoni małej syrenki
but she flung the knife far into the waves
Lecz ona rzuciła nóż daleko w fale

where the knife fell the water turned red
Tam, gdzie spadł nóż, woda zmieniła kolor na czerwony
the drops that spurted up looked like blood
Krople, które trysnęły w górę, wyglądały jak krew
She cast one last look upon the prince she loved
Rzuciła ostatnie spojrzenie na księcia, którego kochała
the sun pierced the sky with its golden arrows
Słońce przeszyło niebo swymi złotymi strzałami
and she threw herself from the ship into the sea
i rzuciła się ze statku do morza
the little mermaid felt her body dissolving into foam
Mała Syrenka poczuła, jak jej ciało rozpływa się w pianie
and all that rose to the surface were bubbles of air
A wszystko, co wynurzyło się na powierzchnię, to bąbelki powietrza
the sun's warm rays fell upon the cold foam
ciepłe promienie słońca padały na zimną pianę
but she did not feel as if she were dying
Nie czuła się jednak tak, jakby umierała
in a strange way she felt the warmth of the bright sun
W dziwny sposób poczuła ciepło jasnego słońca
she saw hundreds of beautiful transparent creatures
Widziała setki pięknych, przezroczystych stworzeń
the creatures were floating all around her
Stworzenia unosiły się wokół niej

through them she could see the white sails of the ships
Widziała przez nie białe żagle okrętów
and through them she saw the red clouds in the sky
i przez nie widziała czerwone chmury na niebie
Their speech was melodious and childlike
Ich mowa była melodyjna i dziecinna
but it could not be heard by mortal ears
ale nie mógł być usłyszany przez śmiertelne uszy
nor could their bodies be seen by mortal eyes
Ich ciała nie mogły być widziane przez śmiertelne oczy
The little mermaid perceived that she was like them
Mała syrenka spostrzegła, że jest do nich podobna
and she felt that she was rising higher and higher
i czuła, że wznosi się coraz wyżej i wyżej
"Where am I?" asked she, and her voice sounded ethereal
"Gdzie ja jestem?" zapytała, a jej głos brzmiał eterycznie
there is no earthly music that could imitate her
Nie ma takiej ziemskiej muzyki, która mogłaby ją naśladować
"Among the daughters of the air," answered one of them
— Wśród córek powietrza — odpowiedziała jedna z nich
"A mermaid has not an immortal soul"
"Syrena nie ma duszy nieśmiertelnej"
"nor can mermaids obtain immortal souls"
"Syreny nie mogą też zdobyć nieśmiertelnych dusz"
"unless she wins the love of a human being"
"chyba, że zdobędzie miłość człowieka"
"on the will of another hangs her eternal destiny"
"Na cudzej woli zależy jej wieczne przeznaczenie"
"like you, we do not have immortal souls either"
"Tak jak wy, my też nie mamy dusz nieśmiertelnych"
"but we can obtain an immortal soul by our deeds"
"Lecz nieśmiertelną duszę możemy otrzymać naszymi uczynkami"
"We fly to warm countries and cool the sultry air"
"Latamy do ciepłych krajów i chłodzimy parne powietrze"
"the heat that destroys mankind with pestilence"

"Upał, który niszczy ludzkość zarazą"
"We carry the perfume of the flowers"
"Nosimy w sobie woń kwiatów"
"and we spread health and restoration"
"A my szerzymy zdrowie i odbudowę"

"for three hundred years we travel the world like this"
"Przez trzysta lat podróżowaliśmy tak po świecie"
"in that time we strive to do all the good in our power"
"W tym czasie staramy się czynić wszelkie dobro, jakie jest w naszej mocy"
"when we succeed we receive an immortal soul"
"Kiedy nam się uda, otrzymujemy nieśmiertelną duszę"
"and then we too take part in the happiness of mankind"
"A wtedy i my uczestniczymy w szczęściu ludzkości"
"You, poor little mermaid, have done your best"
"Ty, biedna syrenko, zrobiłaś wszystko, co w twojej mocy"
"you have tried with your whole heart to do as we are doing"
"Z całego serca staraliście się czynić to, co my"
"You have suffered and endured an enormous pain"
"Cierpieliście i znosiliście ogromny ból"
"by your good deeds you raised yourself to the spirit world"
"Swymi dobrymi uczynkami wzniosłeś się do świata duchów"
"and now you will live alongside us for three hundred years"
"A teraz będziesz żył obok nas przez trzysta lat"
"by striving like us, you may obtain an immortal soul"
"Starając się tak jak my, możecie otrzymać duszę nieśmiertelną"
The little mermaid lifted her glorified eyes toward the sun
Mała syrenka podniosła swoje pełne chwały oczy ku słońcu
for the first time, she felt her eyes filling with tears
Po raz pierwszy poczuła, że jej oczy wypełniają się łzami

On the ship she had left there was life and noise
Na statku, który opuściła, panowało życie i hałas
she saw the prince and his beautiful bride searched for her

Widziała, jak książę i jego piękna narzeczona szukali jej
Sorrowfully, they gazed at the pearly foam
Ze smutkiem wpatrywali się w perłową pianę
it was as if they knew she had thrown herself into the waves
Wyglądało to tak, jakby wiedzieli, że rzuciła się w fale
Unseen, she kissed the forehead of the bride
Niepostrzeżenie pocałowała pannę młodą w czoło
and then she rose with the other children of the air
A potem zmartwychwstała z innymi dziećmi powietrza
together they went to a rosy cloud that floated above
Razem udali się do różowej chmury, która unosiła się nad nimi

"After three hundred years," one of them started explaining
– Po trzystu latach – zaczął wyjaśniać jeden z nich
"then we shall float into the kingdom of heaven," said she
"Wtedy popłyniemy do królestwa niebieskiego" – powiedziała
"And we may even get there sooner," whispered a companion
— A może nawet dotrzemy tam wcześniej — szepnął towarzysz
"Unseen we can enter the houses where there are children"
"Niepostrzeżenie możemy wejść do domów, w których są dzieci"
"in some of the houses we find good children"
"W niektórych domach spotykamy grzeczne dzieci"
"these children are the joy of their parents"
"Te dzieci są radością swoich rodziców"
"and these children deserve the love of their parents"
"A te dzieci zasługują na miłość rodziców"
"such children shorten the time of our probation"
"Takie dzieci skracają nam czas próby"
"The child does not know when we fly through the room"
"Dziecko nie wie, kiedy przelatujemy przez pokój"
"and they don't know that we smile with joy at their good conduct"

"I nie wiedzą, że uśmiechamy się z radości na ich dobre zachowanie"
"because then our judgement comes one day sooner"
"Bo wtedy nasz sąd przychodzi o jeden dzień wcześniej"
"But we see naughty and wicked children too"
"Ale widzimy też dzieci niegrzeczne i niegodziwe"
"when we see such children we shed tears of sorrow"
"Kiedy widzimy takie dzieci, ronimy łzy smutku"
"and for every tear we shed a day is added to our time"
"A za każdą łzę, którą wylewamy, jeden dzień jest dodawany do naszego czasu"

The End / Koniec

www.tranzlaty.com